食品安全系列

U0736040

# 安全买菜经

### ·水果篇·

陈新·编著

四川人民出版社

**图书在版编目（CIP）数据**

安全买菜经. 水果篇 / 陈新编著. -- 成都：四川
人民出版社, 2017.11
ISBN 978-7-220-10593-7

Ⅰ. ①安… Ⅱ. ①陈… Ⅲ. ①水果—选购—基本知识
Ⅳ. ①F768.2

中国版本图书馆CIP数据核字(2017)第282169号

ANQUAN MAICAI JING SHUIGUO PIAN

# 安 全 买 菜 经 ： 水 果 篇

陈新　编著

| | |
|---|---|
| 责任编辑 | 喻　磊 |
| 责任校对 | 袁晓红 |
| 责任印制 | 许　茜 |
| 装帧设计 | 深圳市金版文化发展股份有限公司 |
| 出版发行 | 四川人民出版社（成都市槐树街2号） |
| 网　　址 | http://www.scpph.com |
| E-mail | scrmcbs@sina.com |
| 新浪微博 | @四川人民出版社 |
| 微信公众号 | 四川人民出版社 |
| 发行部业务电话 | （028）86259624　86259453 |
| 防盗版举报电话 | （028）86259624 |
| 图文制作 | 深圳市金版文化发展股份有限公司 |
| 印　　刷 | 深圳市雅佳图印刷有限公司 |
| 成品尺寸 | 173mm×243mm |
| 印　　张 | 10 |
| 字　　数 | 150千 |
| 版　　次 | 2018年2月第1版 |
| 印　　次 | 2018年2月第1次印刷 |
| 书　　号 | ISBN 978-7-220-10593-7 |
| 定　　价 | 36.80元 |

# CONTENTS

目录

## Part 1

# 水果学问大

# 核果类

**Part 7**

# 其他

# Part

# 1

# 水 果 学 问 大

消费者在购买琳琅满目的水果时，
难免会"以貌取果"，
认为颜色鲜艳、个头完整硕大的水果才是好水果。
要是你这么想，
就会掉入不法商贩的"外貌陷阱"中。
并不是所有拥有美丽外表的水果都是好吃的水果。
那怎样才能安心吃到美味的水果呢？
下面，我们一起来识破这些水果的"易容术"吧！

# 水果的分类

水果的分类方法较多，按季节分，可以分为春、夏、秋、冬四种水果；按地域划分，水果可以分为北方、南方和国外三种水果。如果依构造和特性大致可将水果分为以下五类：

## ● 浆果类

草莓、桑葚、蔓越莓、蓝莓、黑莓、覆盆子等都是浆果类水果，通常生长在较寒冷的地方。这类的水果颜色鲜艳，水分含量很高，在烹调上常作为装饰用，维生素C、花青素含量丰富。花青素有着较强的抗氧化作用，因此它能在某种程度上减缓人体衰老，也因此具有一定的保健功能。

## ● 柑橘类

橘子、橙子、金橘、柠檬、葡萄柚、柚子、青柠等都是柑橘类水果，产量丰富，深受国人喜爱且认为具有吉祥之意的一类水果，也是所有水果种类之中，维生素C含量最为丰富的，属于酸味水果。除了生食之外，也可以制成果汁及果酱等产品。柑橘类水果含抗氧化成分最高，含有170多种植物化学物，能强化免疫系统，抑制肿瘤生长，防止肿瘤细胞的癌变，让肿瘤细胞回复正常，因而能发挥保护身体的作用。另外，经常食用柑橘类水果，还可以预防心血管疾病、肥胖症和糖尿病的发生。

## ● 核果类

樱桃、桃、李、梅、枣、橄榄、龙眼、荔枝等，内含有果核的，均属于核果类水果。大多为鲜食，也可以腌制后做成加工食品，例如蜜饯、罐头水果、干燥水果或是果酒等。多吃核果类水果可以美肤、健脑、保护心脑血管健康、抗衰老等。

## ● 仁果类

苹果、梨、枇杷等，内含有数颗果核的水果都是仁果类水果。一般而言，苹果、梨含有丰富的水溶性膳食纤维——果胶，有助于调节体内的新陈代谢。

## ● 瓜类

西瓜、甜瓜、香瓜、哈密瓜等都是瓜类水果，这类水果外表有较硬的皮保护，若尚未切开时，可以置于室温储存，不易腐烂。

# 新鲜水果的选购

您是否经常因为买到不甜的水果而烦恼，甚至花同样的钱，却买到里面腐烂的水果呢？究竟如何才能买到便宜又好吃的水果？现在，就来学学选购的小秘诀吧！

## 水果的选购

水果的成熟现象包括果形变大、重量增加、质地变软、果皮转色、香气变浓、糖度增加、酸度减少、苦涩味消除等现象。选购的重要指南有以下几点：

### 闻香气

成熟的水果会散发出特有的香味，可用鼻子闻水果的底部，香气越浓表示水果越甜，如香瓜、菠萝等。

### 试重量

同种水果分别置于手掌上比较重量，或用手掌轻拍听声音，较重或声音清脆者通常水分较多，如西瓜、香瓜等。

### 摸软硬

半成熟果实硬而脆，之后会变软。木瓜、香蕉，要在肉质变软时食用，但像苹果等则适合在半成熟时食用。

### 辨果色

未成熟的水果大多含有较多叶绿素而偏绿色，随成熟过程会逐渐分解，转为橙色的类胡萝卜素，如香蕉、柑橘等；或是红、紫色的花青素，如苹果、葡萄等。这些水果的颜色越深表示甜度越高。

# 拒绝食用被污染的水果

水果是人们公认的健康食品。但你是否了解，水果是会被污染的？一定要食用安全无害的水果；否则，不仅无法为人体补充多种营养，反而会带来多种疾病。

## 水果被污染的主要原因

水果食用部分多为果实，在其生长过程中直接暴露在环境中，容易受到病原体以及农药、重金属（汞、镉、铅等）、多环芳烃、硝酸盐等多种污染物的污染。其污染的主要原因如下：

**病原体污染** →

因正确保存条件不佳，水果容易因霉烂而受真菌污染。水果还容易被含有虫卵而未经无害化处理的人畜粪便及土壤污染，生食此类水果的人容易感染蛔虫、钩虫、鞭虫等肠道蠕虫，以及猪绦虫和土源性线虫等寄生虫病。

**化学性污染** →

过量使用农药和使用禁用农药是水果农药残留过高的原因，过量施用含氮化肥则是水果硝酸盐污染的主要原因。工业排污、汽车尾气引起的大气、土壤污染可造成水果的重金属、多环芳烃类物质的污染。水果类食品生产加工过程中违法添加非食用物质或滥用食品添加剂可造成此类物质的污染。

## 如何避免水果被污染

**1** 种植水果时不使用禁用或限制性农药，严格遵守国家有关农药安全使用的规定。避免选择外表特别光鲜、美观的反季节水果。

**2** 水果应当充分浸泡、清洗或去皮后食用；新鲜的核果类水果不宜久藏，防止水果腐烂、变质。

# 慧眼识别毒水果

消费者都希望自己挑选的水果颜色鲜艳、亮丽夺目，但是，千万不要被它们美丽的外表给欺骗了。很多商贩为了赚取最大利润，经常给一些不新鲜的、未成熟的水果精心"化妆"，甚至抬高这些不健康水果的价格。水果是日常饮食中不可缺少的一部分，怎样才能既吃得健康又放心呢？下面，一起来识破这些伪装的水果！

## ● 打蜡苹果

苹果上蜡早已不是新鲜事，营养学家说，苹果皮比苹果肉有营养，宜多吃，但裹蜡的苹果皮还能多吃吗？

事实上，国家相关部门是允许在水果表面做打蜡保鲜处理的。苹果表皮本身就含蜡，是一种脂类成分，可防外界微生物入侵；而加工中的食用蜡，主要成分是纯天然的虫胶和巴西棕榈蜡：两种都是可食用的，对身体并无害处。

但有的无良商家为节约成本，用工业蜡代替食用蜡。工业蜡中含汞、铅，可能会给人体带来危害。

**鉴别方法：**

专家称，果皮上的蜡主要有三种情况：一是苹果自带的果蜡，二是果农上的食用蜡，三是不法小贩上的工业蜡。前两者都是可以食用的，实在要去除这层食用蜡也很简单，用热水或盐水冲洗即可。

挑选打蜡水果时，可用手或餐巾纸擦拭水果表面，如能擦下一层淡淡的红色，就很有可能是工业蜡。但有相关部门的工作人员称，食用蜡和工业蜡不太容易用肉眼分辨。因此，水果食用前应用盐水清洗，或者干脆去皮之后再食用。

## ● 催熟香蕉

　　催熟是香蕉产业链中不可缺少的环节，全世界都在广泛使用，已有百年之久，催熟剂不超标则对人体无害。专家表示，乙烯利作为一种催熟剂，在香蕉催熟中被广泛使用，在用量上和使用间隔时间上都有着严格限制。

　　由于香蕉要长途运输，必须采摘青果，而从树上摘下来的成串香蕉很难自熟，如果不使用乙烯利，大部分香蕉就会腐烂。所以，香蕉一般需要催熟，而正常使用催熟剂不会对人体产生有害的物质，超量使用乙烯利则有害人体健康。

**鉴别方法：**

　　乙烯利催熟香蕉较为常见，但有些不法商家使用二氧化硫和甲醛等化学药品为香蕉催熟，而这就需要一定的识别技巧。

　　首先，催熟的香蕉表皮一般不会有香蕉熟透的标志——梅花点，因此在挑选香蕉时，有梅花点的香蕉相对可靠。

　　其次，用化学药品催熟的香蕉闻起来有化学药品的味道。

　　此外，自然熟的香蕉熟得均匀，不但表皮变黄，而且中间是软的，催熟的香蕉中间则是硬的。

# ● 染色橙子

市场上的橙子颜色格外艳丽，惹得不少人直流口水。当你遇到这样的橙子时，可要小心了，它有可能是被染过色的橙子。

有些商贩为了让橙子色泽更漂亮、卖相更好，就把色素注射到橙子皮里，再在皮上打些石蜡，使橙子看起来很新鲜，但这样的橙子会掉色。

还有商家甚至把长有霉斑的橙子清洗干净、晾干，然后用石蜡给橙子打蜡上色。这样，原本长了霉斑、灰头土脸的橙子转眼间变得又黄又亮。

**鉴别方法：**

首先，染过色的橙子，表面看起来特别红艳，仔细观察，可发现表皮皮孔有红色斑点，一些橙子表面甚至有红色残留物。

其次，用湿巾擦拭橙子表面，如果湿巾变红，说明橙子可能被染色；没染色的橙子，湿巾擦拭后只能看到淡淡的黄色。

此外，染色严重的橙子，橙蒂也会变成红色；没染色的橙子，橙蒂是白绿相间的。最后，染过色的橙子，表面摸起来黏黏的；没染色的橙，摸起来比较干爽。

## ● 爆炸西瓜

已结满瓜藤的大小西瓜，还没有成熟就一个个炸裂开来，有的炸得四分五裂，有的炸得像一朵花。专家认为，这些原因都是瓜农施用的膨大剂造成的。

专家认为，膨大剂施用时有两点需要注意，一是施用时间，就是在花落后开始坐果的时候使用，而有些农户在西瓜成熟了还在施用，就发生了爆裂。

二是膨大剂按规范使用是无毒害作用的，但是如果为了谋取经济利益，滥用、大剂量使用膨大剂，是有潜在风险的。

**鉴别方法：**

首先，从西瓜的外表上看，正常西瓜外形应是圆形或椭圆形的，表面平整光滑；而使用了激素的西瓜，由于喷洒的激素吸收不均匀，易出现歪瓜畸果，如两头不对称、中间凹陷、头尾膨大等。用人工授粉的瓜比使用过膨大剂的瓜，果皮会薄许多。

其次，西瓜切开以后，使用了膨大剂的西瓜瓜瓤是红色，但瓜籽却是白色的。同时，由于西瓜表皮有一层蜡质，农药往往浸透并残留在蜡质中，因此在购买西瓜时尽量不要切口，不要买"裂缝瓜"。

## ● 激素草莓

有些果农为牟取暴利，在种植过程中多次乱用膨大剂。膨大剂的作用主要是刺激细胞分裂，通过促进果实中的细胞分裂和体积增大达到增产目的，使得有些草莓个头很大、颜色佳，甚至有些还长得奇形怪状的。

膨大剂属农药范畴，超量使用会影响果品质量，消费者一旦过量摄入膨大剂残留多的草莓，会对健康造成很大的损伤。尤其是肾病患者，更应当避免过多食用。

**鉴别方法：**

首先，看品种。个头大的草莓多呈圆锥形，如果形状太奇怪就要谨慎购买。

其次，激素草莓上色不均匀、光泽度差，而且在底部果柄处颜色青红分明。

再次，一是正常草莓表面的"芝麻粒"是金黄色的。如果连"芝麻粒"都是红艳艳的，就要提高警惕了。二是正常草莓果肉鲜红，很少空腔。激素草莓轻易就能掰开，果肉颜色发白，空腔较多。

最后，正常草莓甜度高且甜味分布均匀；激素草莓吃起来闻着不香、寡淡无味。

## ● 喷酸荔枝

由于荔枝保存时间短，一些不良商贩会买来色青半熟的甚至是生荔枝，用稀释过的盐酸浸泡，或把稀盐酸喷洒在荔枝表面，未熟的荔枝表皮就会变得红嫩、新鲜，宛若刚刚采摘下来的鲜荔枝，但很容易腐烂。

这类溶液酸性较强，会使手脱皮、嘴起泡，还会烧伤肠胃。还有些不良商贩会用硫黄熏制，其中的有害成分会对眼睛、喉咙产生强烈刺激，导致头昏、腹痛、腹泻，严重者甚至还会致癌。

**鉴别方法：**

消费者可以使用摸、闻、掂、看的方法进行识别。

摸：触摸喷酸荔枝时，手会觉得潮热，甚至有烧手的感觉。

闻：自然成熟的荔枝闻起来有荔枝本身淡淡的香味，而"化妆荔枝"不仅没有香味，闻起来气味有点酸，甚至还有化学药品的味道。

掂：喷酸荔枝比自然熟的荔枝分量要重一些。

看：由于鲜荔枝的保存时间短，所以一般需低温冷藏保存，如果看见荔枝被商贩随便放在盒子里，上面用塑料布一盖，大多有问题。

## ● 石灰杧果

媒体报道中商贩使用生石灰来催熟杧果，生石灰学名为氧化钙，这种物质遇水会产生化学反应并释放一定的热量，这种热量能提高杧果的贮藏温度，加快杧果的成熟过程。

食用杧果时，即使杧果果皮上沾染少量的石灰，通过清洗、去皮等过程，基本不会对食用者的健康造成影响，但吃多了对人体会有一定的伤害。

专家认为，石灰是固态的，主要作用是加水放热帮助乙烯利释放乙烯，应该不会渗透到果肉里面，消费者可以洗净后去皮食用杧果。

**鉴别方法：**

首先，看颜色。一般自然熟的杧果皮色有差异，可能一半黄一半青，而催熟的杧果则大多通体是金黄色。

其次，闻气味。自然熟的味道比较浓郁，而催熟的香气比较淡。

# 健康加倍，水果营养大解密

水果是我们几乎每天都会吃的食物，因为它口感好，水分多，还含有我们身体需要的多种营养。或许我们每个人都有自己最喜欢的一两种水果，可它们的营养价值，你知道多少呢？下面，我们就来了解一下常吃水果有哪些好处。

## 滋养肌肤

人体的面部天天暴露在外，受空气中有害物质的损伤和紫外线的照射，以致毛细血管收缩，皮脂腺分泌减少，皮肤变得干燥、脱水。水果中含丰富的抗氧化物质——维生素E和微量元素，可以滋养皮肤，其美容效果可不是一般的化妆品可比的。而且，如果你吸烟或发胖，那也说明你的体内脂肪组织缺乏这些重要成分。

保养皮肤的水果：香蕉、杧果、哈密瓜、草莓、橙子、苹果。

## 维生素有利减肥

有些水果中含有丰富的食物纤维，属于不能为小肠所消化的碳水化合物。在结肠内，纤维可提供给肠腔营养物质，这有助于促进身体的新陈代谢，以及帮助抑制食欲。富含维生素C的水果能促进身体的代谢，迫切想要减肥瘦身的朋友可以适量多吃一些。

减肥的水果：番石榴、葡萄、柑橘、柳橙、西柚、柠檬。

## 天然色素助防癌

　　水果中含有天然色素，能有效预防癌症，而部分水果还含有β-胡萝卜素，在进入人体后转变成维生素A，可以防止细胞遭受自由基的伤害。另外，存在于柑橘类水果中的抗癌物质——类生物黄碱素，可以帮助脂溶性致癌物质转化为水溶性，有利排出体外。平时在饮食中多摄入水果，可降低患乳腺癌、前列腺癌和肺癌的概率，这是因为水果中含有人体所必需的微量元素。

　　抗癌的水果：香蕉、猕猴桃、葡萄、橙子、苹果。

## 维生素延缓衰老

　　维生素是水果主要供给的营养素之一，其中以维生素C和维生素A最为重要。水果不像蔬菜那样经过高热加工才能食用，其中的维生素C不会大量流失，因此水果是维生素C的天然补充食品。在常见的水果中，猕猴桃被认为是最接近完美的水果，它含有丰富的维生素A、维生素C、维生素E、叶酸和微量元素钾、镁及食物纤维等营养成分，而热量却很低，这使得猕猴桃能为工作节奏快、精神紧张的现代都市人注入生命的活力。另外，猕猴桃中所含的氨基酸，能帮助人体制造激素，延缓衰老。因为猕猴桃性寒，所以怀孕的妇女最好少吃。

　　抗衰老的水果：猕猴桃、草莓、柚子、橙子。

# 五色水果的养生密码

中医理论认为五色养生，即食物的五种天然颜色白、黄、绿、红、黑，分别对应人体的五脏，其中白色养肺、黄色养脾、红色养心、绿色养肝、黑色养肾。因此将水果按照颜色的深浅分为白色水果、黄色水果、红色水果、绿色水果、黑色水果，则分别对应五色养生中所说的人体五脏。

## ● 白色水果——减肥瘦身

白色水果通常含有丰富的植物营养素，具有安定情绪、预防高血压、提高免疫力、促进新陈代谢、减肥、保护呼吸系统健康等多重功效。

因为白色食物对人的食欲具有一定的控制作用，因此减肥的人可适量多吃。此外，患有高血压、心脏病的人适量多食用，也能帮助缓解情绪、调节血压、强化心肌，对身体恢复和健康更是大有裨益。白色水果的代表就是梨。

## ● 黄色水果——促进食欲

黄色水果主要含有维生素C、维生素E、β-胡萝卜素、玉米黄素等，具有促进消化、活肤美容、保护眼睛、抗癌、保护心血管的功效。

橙黄色是最能够刺激食欲的一种颜色，这类食物中含有天然的橙色色素，是强力的抗氧化物质，能起到抗衰老的作用，并且可以减少空气污染对人体造成的伤害。尤其是皮肤干燥没有光泽、肠胃功能紊乱的人，更应该经常食用橙黄色的水果，有改善肤质和肠胃功能的作用。

橙黄色水果主要包括橘子、橙子、杧果、杏子、柠檬、木瓜、香蕉等。

## ● 绿色水果——稳定情绪

　　绿色是最靠近大自然的颜色，因此绿色水果也具有很好的食补作用。绿色水果主要含有B族维生素、维生素C、钙、叶黄素、叶绿素、膳食纤维等，具有预防癌症、保护视力、帮助消化、坚固骨骼的功效。此外，绿色水果有助于稳定情绪和舒缓压力，常常处在生活、工作压力中的人适量食用绿色水果具有减轻紧张情绪的作用。

　　绿色水果主要包括猕猴桃、绿葡萄、青苹果等。

## ● 红色水果——美容养颜

　　红色水果是适合女性的天然营养补品，主要含有维生素C、β-胡萝卜素、辣椒红素等，还富含番茄红素，可以保护细胞膜、减少自由基的侵害，有一定的延缓衰老、美容养颜功效。红色水果具有帮助血液循环、振奋心情、舒压解郁、预防癌症、保护心脏、预防动脉硬化的功效，体质较弱、经常感冒的人经常食用红色水果，有一定的增强体质之效。因为红色水果中除了含有丰富维生素，还含有一种特殊的抗病因子，能够增强人体对感冒、风寒的抵抗力。

　　红色水果主要包括山楂、红葡萄、草莓、樱桃、西瓜等。

## ● 黑色水果——营养齐全

　　这里所说的黑色水果其实包括紫色、黑色两种。黑色水果所含的有害成分极少，而且营养齐全、质优量多。

　　黑色水果主要含有维生素C、花青素、多酚、铁、钙等，具有抗癌、抗氧化、增强记忆力、预防心血管疾病、保护泌尿及生殖系统健康的功效，尤其是动脉硬化、冠心病、脑中风患者，多补充黑色水果，对身体有益。

　　黑色水果主要包括紫葡萄、蓝莓、桑葚、西梅等。

# 对的时间，吃对的水果

水果是日常养生的必备品，不仅能为人体补充多种元素，而且又能美容养颜。但是，你知道吃水果也要挑时间吃吗？根据不同的功效在适合的时间吃，会让营养功效加倍。下面，我们一起来看看什么时间段适合吃哪些水果吧。

## ● 早上最宜

早上吃水果，可帮助消化吸收，有利通便，而且水果的酸甜滋味可让人一天都感觉神清气爽。人的肠胃经过一夜的休息之后，功能尚在"激活"中，消化功能不强，因此酸性不太强、涩味不太浓的水果，比如苹果、梨、葡萄等就非常适合。

## ● 餐前勿吃

有一些水果是不可以在饭前空腹吃的，如圣女果、柑橘、山楂、香蕉、柿子等。圣女果中含可溶性收敛剂，如果空腹吃，就会与胃酸相结合而使胃内压力升高引起胀痛。柑橘中含大量有机酸，空腹食之则易产生胃胀、呃酸。山楂味酸，空腹食之会胃痛。香蕉中的钾、镁含量较高，空腹吃香蕉，会使血液中镁含量升高而对心血管产生抑制作用。柿子有收敛的作用，遇到胃酸就会形成柿石，既不能被消化，又不能排出，空腹大量进食后，会出现恶心、呕吐等症状。

## ● 夜宵禁食

夜宵吃水果既不利于消化，又因为水果含糖过多，容易造成热量过剩，导致肥胖。尤其是入睡前吃纤维含量高的水果，充盈的胃肠会使睡眠受到影响，对肠胃功能差的人来说，更是有损健康。但如果睡眠不好，可以吃几颗桂圆，它有安神助眠的作用，能让你睡得更香。

# 吃水果"三看五不可"

人有不同的体质，水果也有不同的成分和特质；人的体质有寒热之别，水果也有寒热之分。因此，什么人吃什么水果，都有一定的讲究。吃水果有禁忌，这种观点已经逐渐被人们接受。那么，吃水果，怎样选择才好呢？那就要从以下几个方面进行考虑了。

## ● 吃水果"三看"

水果是人们公认最健康的食品之一，有些人吃水果比主食还要多几倍。但你是否了解，吃水果是有讲究的，否则不仅无法达到保健的目的，反而会带来多种疾病。

### 1. 看疾病吃水果

水果味道甜美，营养丰富，很受大家欢迎。人们在患病之后，常常也会依靠水果调节胃口，增加营养；亲友去探望患者时，也常常会带上一些水果。然而，人们在患病之后，吃水果切不可想吃什么就吃什么，只有对症吃合适的水果，才有利于康复，否则，不仅起不到补充营养、促进康复的作用，反而会适得其反，加重病情或者给患者的身体带来新的伤害。

---
**冠心病、高脂血症病人**

宜吃山楂、柑橘、柚子、桃、草莓等水果，因为水果中含维生素C和尼克酸，具有降低血脂和胆固醇的作用。

---
**糖尿病病人**

宜吃菠萝、梨、樱桃、杨梅、葡萄、柠檬等富含果胶或果酸的水果，它们能改变胰岛素的分泌量，使血糖下降。不适宜吃香蕉、荔枝，因为它们含糖量超过15%，吃后会引起血糖升高，加重胰腺负担，不利于治疗。

## 肝炎病人

宜吃富含维生素C的水果，如柑橘、枣、猕猴桃、香蕉、苹果、草莓等，能保护肝脏，促进肝细胞再生。

## 呼吸道感染病人

尤其是那些伴有咽痛、咳嗽、痰多的病人，宜多吃梨、枇杷、柚子、杏等具有化痰、润肺、止咳功效的水果。

## 高血压病人

宜吃橙子、山楂、枣、柑橘等含丰富维生素C的水果，可降压、缓解血管硬化。柠檬和其他酸味水果，也可起同样作用。哈密瓜的钾含量较高，但又不含钠及脂肪，有助于控制血压。

## 心肌梗死、中风病人

宜吃香蕉、柑橘、桃等帮助消化的水果，不宜吃柿子、苹果等水果，因为其中含鞣酸，会引起便秘，使病情加重。

## 癌症患者

适宜吃西瓜，西瓜中的亚麻油酸有助于预防大肠癌、肺癌；适宜吃木瓜，它含有齐墩果酸，是肝病的辅助药。

## 腹泻患者

适宜吃苹果、葡萄、杨梅，它们具有收敛作用，能缓解腹泻症状。不适宜吃香蕉、梨、西瓜，因为它们性寒凉，吃后会加重腹泻病情。

─ **便秘、痔疮患者** ───────────────

　　适宜吃香蕉、柑橘，它们有润肠通便的功效，能缓解症状。不适宜吃苹果、柿子，它们含有大量的鞣酸，容易引起便秘或加重便秘症状。

## 2. 看颜色吃水果

| 橘色 | → | 　　橘色水果含橘色素，具有抵制癌症的效果，效果为胡萝卜素的数倍，并含丰富的维生素C。代表水果有柑橘、哈密瓜等。 |
|---|---|---|
| 紫色 | → | 　　含有对消除眼睛疲劳相当有效的原花色素，这种成分还具有增强血管弹性的机能。代表水果有葡萄和李子等。 |
| 红色 | → | 　　红色水果中的类胡萝卜素有助于抑制癌细胞形成活性氧，还能提高人体免疫力，同时具有防止老化的作用。代表水果有苹果、无花果、桃等。 |
| 黄色 | → | 　　黄色素是一种黄酮类物质，具有抗酸化的作用，对动脉硬化、癌症有预防效果。代表水果有柠檬、木瓜、香蕉等。 |

## 3. 看体质吃水果

　　水果富含各种维生素、矿物质，吃水果的好处无须赘言。但因为水果个性不同，所以吃水果时也有禁忌。

　　水果分为寒、凉、温、热四种属性，介于寒、热之间者为平性。了解水果的寒热属性，可以根据自身体质来选择食用，如寒性体质的人就不太适合寒性的水果，否则会令健康雪上加霜，身体出现不适，最终违背了水果健康养生的初衷。

| 属性 | 主要水果 | 功效 | 适合人群 | 注意事项 |
|---|---|---|---|---|
| 热性水果 | 黑枣、杏子、榴莲、温州蜜柑、红橘、南丰蜜橘 | 减轻、消除寒症 | 体质较弱，面色苍白，自身产生热量少的人（寒性体质者）应该选择热性的水果 | 过量食用会上火，造成便秘、生疮等，尤其是在大热天。正在发烧的孩子也应尽量避免食用 |
| 温性水果 | 杧果、荔枝、桃子、龙眼、红毛丹、板栗、释迦果、椰子肉、金橘、乌梅、樱桃、红枣、李子、佛手柑、杨梅、石榴、木瓜、槟榔 | 温性水果可以驱寒、补虚，消除寒症，使人体的能量代谢率提高，增加人体热量 | 冬天怕冷、胃发寒、贫血、月经多，寒性体质的人群可以选择温性水果，对身体有益 | |
| 微温（平性）水果 | 百香果、柠檬、番石榴、牛油果、菠萝、葡萄、莲雾、柳橙、木瓜、橄榄、梅子、李子、沙果、山楂 | | 一般人均可食用，此水果适合各种人群 | |
| 凉性水果 | 火龙果、梨、苹果、杨桃、山竹、葡萄柚、草莓、枇杷、芦柑、杧果、罗汉果 | 凉性水果可清热降火气，使人体能量代谢率降低，让热量下降 | 适合热性体质者，更年期女性、咽喉肿痛、发热、感染性疾病者可以吃 | |
| 寒性水果 | 西红柿、西瓜、香蕉、猕猴桃、甜瓜、柚子、柑橘、柿子、椰子水、桑葚、杨桃、无花果、甘蔗 | 有助于清火、解毒 | 中气不足、精神疲劳的人可以多吃一点 | 由于其中含有丰富的糖类和钾盐，食用过多会损心、损肾健康，冠心病、心肌梗死、肾炎及糖尿病患者都不能多食 |

# ● 吃水果"五不可"

水果有别于蔬菜，其食用方式大不相同。它们风味佳，口感好，适合生食。既然可以生食，无须烹饪，食用时间、方式就较为随意了；不过，从营养角度来看，怎么食用水果，还真有些讲究。

## 1. 不可用水果代替蔬菜

水果含有有机酸和芳香物质，在促进食欲、帮助营养物质吸收方面具有重要作用，而且水果不需烹调，没有营养流失问题。但水果中含有的矿物质和维生素的量远远低于蔬菜，如果不吃蔬菜，只靠水果，绝对不足以提供足够的营养素。就维生素C的含量来说，白菜、萝卜都比苹果、梨、桃子高10倍左右，而青椒和花菜是草莓和柑橘的2~3倍。所以，每天食用500克左右的蔬菜是必需的。

## 2. 不可用水果代餐

人体共需要近50种营养物质才能维持生存，特别是每天需要65克以上的脂肪，以维持组织器官的更新和修复。水果含水分85％以上，蛋白质含量却不足1％，几乎不含人体必需的脂肪酸，远远不能满足人体的营养需要。水果只可做正餐的补充。

## 3. 不可多吃水果来减肥

糖分摄入多是增重的原因之一。实际上，水果并非能量很低的食品。它们具有令人愉悦的甜味，其中糖分的含量往往达到80％以上，而且是容易消化的单糖和双糖。按同等重量算，水果所含热量比米饭低，但因为水果味道甜美常让人爱不闭口，很容易吃得过多，所以摄入的糖分往往在不经意间就超标了。可见，吃水果减肥并不可靠。

## 4. 不可迷信高档进口水果

许多人以为昂贵的洋水果一定营养价值更高，其实不然。进口水果在运输途中便已经开始发生营养物质的降解，新鲜度并不理想。而且，因为要长途运输，往往不等水果完全成熟便采摘下来，通过化学药剂保鲜，此举可能影响水果的品质。所以，购买洋水果时务必擦亮眼睛，看清品质。

## 5. 不可靠水果补充维生素

就拿维生素C来说吧，大多数水果的维生素C含量并不高，其他维生素的含量就更加有限。维生素共有13种，来自多种食品，想单靠水果提供所有维生素是极不明智的。比如，要满足人体一日的维生素C推荐量，需要吃下5000克红富士苹果，显然，这是不可能完成的任务。富含维生素C的水果有鲜枣、猕猴桃、山楂、柚子、草莓、柑橘等，而我们平时常吃的苹果、梨、桃、杏、香蕉、葡萄等水果的维生素C含量甚低。杧果是含胡萝卜素最多的水果，柑橘、黄杏、菠萝等黄色水果只含有少量胡萝卜素。

# 对症吃水果，打造健康体质

让我们参照一份"身体健康指南"，分享营养师的专业建议，看看在下面几种情况下您最需要吃哪种水果。

## ● 头发：染发烫发——牛油果

染发烫发过程会夺走头发的水分和油脂，使头发变得干枯。成熟的牛油果中含有30％的珍贵植物油脂——油酸，对干枯的头发有滋润功效。

## ● 大脑：过度用脑——香蕉

过度用脑导致人体内维生素、矿物质及热量缺乏，除了大脑疲惫，还常常感到情绪低落。此时吃些香蕉，可提供所需营养物质并缓解消极情绪。

## ● 眼睛：过度用眼——木瓜

长时间盯着电脑屏幕或电视屏幕，过度用眼，则视网膜感光所依赖的关键物质——维生素A大量消耗，会感到眼睛干燥、疼痛、怕光，甚至视力下降，此时就需要食用可提供大量维生素A的木瓜。

## ● 牙齿：牙龈出血——猕猴桃

　　牙龈健康与维生素C息息相关。缺乏维生素C的人牙龈变得脆弱，常常出血、肿胀，甚至引起牙齿松动。猕猴桃的维生素C含量是水果中最丰富的，它是最有益于牙龈健康的水果。

## ● 心脏：心脏病史——葡萄柚

　　胆固醇过高会严重影响心血管健康，尤其有心脏病史者，更要注意控制体内胆固醇指标。葡萄柚是医学界公认最具食疗功效的水果，其瓣膜所含天然果胶能降低体内胆固醇，预防多种心血管疾病。

## ● 肺：长期吸烟——葡萄

　　长期吸烟者的肺部积聚了大量毒素，肺功能存在不同程度的受损。葡萄中所含有效成分能提高细胞新陈代谢率，帮助肺部细胞排毒。另外，葡萄还具有祛痰作用，能缓解因吸烟引起的呼吸道发炎、痒痛等不适症状。

## ● 肌肉：肌肉拉伤——菠萝

肌肉拉伤后，组织发炎，血液循环不畅，受伤部位红肿热痛。菠萝所含的菠萝蛋白酶成分具有消炎作用，可促进组织修复，还能加快新陈代谢，改善血液循环，快速消肿，是此时身体最需要的水果。

## ● 皮肤：出现皱纹——杧果

若皮肤胶原蛋白弹性不足就容易出现皱纹。杧果是预防皱纹出现的最佳水果，因为它含有丰富的β-胡萝卜素和独一无二的酶，能激发肌肤细胞活力，促进废弃物排出，有助于保持胶原蛋白弹性，有效延缓皱纹出现。

## ● 血液：供氧不足——樱桃

在多数情况下，易疲劳与血液中铁含量少、供氧不足及血液循环不畅有关。吃樱桃能补充铁质，其中含量丰富的维生素C还能促进身体吸收铁质，防止铁质流失，并改善血液循环，帮助抵抗疲劳。

# 拨开迷雾，水果食用误区靠边站

水果外形美观，色泽诱人，吃了好处多多，它几乎成了健康食品的"形象大使"。很多人产生了这样一种观念：反正吃水果有百利而无一害，反正多吃水果可以减肥养颜，反正……正是由于存在这些错误的观念，水果在不知不觉中成了损害健康的"罪魁祸首"。如果有权威专家郑重指出，以上"反正"皆为谎言，女人们会作何感想？

## 柑橘吃太多会全身发黄

柑橘含有胡萝卜素，如果短期内大量摄入柑橘，比如每天吃1千克以上，肝脏不能及时将β-胡萝卜素代谢转化为维生素A，使血液中的β-胡萝卜素的含量骤增，导致黄色色素沉着在皮肤和组织内，从而引发胡萝卜素血症，造成皮肤发黄。

## 水果不宜榨汁喝

如今越来越多的家庭购置了榨汁机，觉得喝新鲜的水果汁既美味又方便。但营养专家提出，除牙不好的人外，水果最好不要榨汁喝，直接食用更营养。

这是因为，喝果汁会减少人们对水果中富含的纤维素的摄取，而这些纤维素具有预防和减少糖尿病、心血管疾病等的保健功效，还能有效地刺激肠胃蠕动，促进排便。

此外，直接食用水果容易产生饱腹感，而喝果汁会不知不觉摄取过多热量和糖分，增加患病概率。

## 切好的水果要少买

水果是维生素C的主要来源，维生素C容易在空气中氧化，高温及阳光都会使其流失，而预先去皮、切开的鲜果，营养成分可能会减低。英国消费者协会做过一项研究，测试在超市售卖的预先包装的切开蔬果的维生素C含量，研究发现，在13个样本中，4个样本的维生素C含量比标准含量低一半。

## 切好的水果要谨慎处理

水果表面容易受污染物、化学物品、动物排泄物或沙门氏菌等污染。假如新鲜水果没有经消毒处理，水果表面便可能会有沙门氏菌类。而用刀具切开没有清洗的新鲜水果时，受污染的水果外皮的细菌会经刀具传给食用部分。切开的水果在室温下存放太久，细菌便会滋生。

## 吃不熟的香蕉会加重便秘

香蕉含有丰富的膳食纤维，其很大一部分不会被消化和吸收，但能令粪便的容积量增大，并促进肠的蠕动。

同时，香蕉的含糖量超过15%，且含大量水溶性的植物纤维，能引起高渗透性的胃肠液分泌，从而将水分吸附到固体部分，使粪便变软而易排出。不过，这些作用只是熟透的香蕉才具有的，没熟透的香蕉可能会起到反作用，它含有较多的鞣酸，比较难溶，且对于消化道有收敛作用，会抑制胃肠液分泌并抑制胃肠蠕动，如摄入过多，就会引起便秘或加重便秘病情。

## 吃杧果需预防过敏

杧果中含有大量的果酸、氨基酸、蛋白质等，这些物质中含刺激性物质比较多，接触人体的皮肤后，就会造成过敏，严重者会出现红肿、疼痛现象。但并不是每个人吃杧果都会发生过敏，而且即使有过敏，各人的反应也不同，有些人吃了当天就有反应，有些则要过两三天才会出现症状。

## 人工合成维生素C无法取代水果

存在于水果和蔬菜中的天然维生素C，与人工合成维生素C相比，有一个不容忽视的优点，那就是，前者是以两种物质，即维生素C与维生素P组合的状态存在的。在人体组织中，维生素P能协助维生素C发挥作用。而人工合成的维生素C则是纯药物制剂，其效果远不如天然维生素C。此外，服用维生素C药片往往用量较大，如长期服用可在体内生成大量草酸，可能引发肾结石。而水果、蔬菜中的维生素C并不会使尿中草酸过高。

## 忌食水果过量

过量食用水果，会使人体缺铜，从而导致血液中胆固醇增高，引起冠心病，因此不宜在短时间内进食水果过多。

## 水果忌用酒精消毒

酒精虽能杀死水果表层细菌，但会引起水果色、香、味的改变。酒精和水果中的酸发生反应作用，会降低水果的营养价值。

## 忌用菜刀削水果

因菜刀常接触肉、鱼、蔬菜，会把寄生虫或寄生虫卵带到水果上，使人感染寄生虫病。尤其是菜刀上的锈，与苹果所含的鞣酸会起化学反应，使苹果的色、香、味变差。

# 夏季，小心吃出"水果病"

夏季是水果大量上市的季节，也是人们对水果需求最多的季节。不过吃水果也有讲究，如果不小心，很可能会得"水果病"。

## 空腹吃水果

柑橘、柠檬、菠萝等酸性水果中都含有大量的有机酸，如果空腹食用这些水果，水果中各种各样的果酸会导致胃里出现胃酸、消化不良等现象。所以肠胃不好，或体质较弱的人，一定不要空腹吃水果。

## 吃水果不削皮

很多人会觉得水果皮中也含有丰富的维生素，对人的身体有益。但是，水果在生长的过程中，因为需要经常喷洒农药，所以果皮中农药的含量较多。为了安全起见，最好将果皮削掉后食用。

## 水果忌冰镇

夏天天热，相信很多人会把水果放在冰箱里冰一冰再吃，虽然这样吃起来感觉更爽，透心凉，但这对胃来说，可真的不好。特别是年纪大的人，很容易引起肚子痛、腹泻，对牙齿也不好。

营养专家提醒说，水果受冻后，更容易产生亚硝酸盐，而食用过量的亚硝酸盐，会引起头痛、头晕、恶心、呕吐等症状。可见，学会识别水果是否被冷冻很关键。柑橘、橙子冻了以后，表皮的油脂渗进果肉，果肉就容易发苦。一般冻过的水果表面都发黑。

## 忌饭后立刻吃水果

很多人都认为饭后吃个水果能有助于消化，其实这是不正确的。饭后立即吃水果，不但不会助消化，反而会造成胀气和便秘。因此，正确的做法是，一小时后才吃水果，这样能减少给肠胃带来的消化负担，营养也能更加有效地被肠胃吸收。

## 腐烂的水果不要吃

很多人看到水果有烂了的地方，不想扔掉浪费，就挖掉之后将剩下的吃掉。其实这也是不安全的，中国预防医学科学院的研究表明，当水果部分烂掉后，其他部分虽然看起来很健康，但是毒素已经扩展到了水果的全身，这样的水果也是吃不得的。

## 吃完水果要漱口

水果中含有各种果酸和糖分，对牙齿有一定的腐蚀性，所以吃完水果最好漱漱口，不然残留的残渣很容易导致龋齿。

# Part

# 2

# 浆 果 类

浆果就是水分含量很高、果肉呈浆状的一类水果，
包括葡萄、猕猴桃、草莓、杨桃等。
果皮较薄，肉质多汁。
浆果类水果含有较多的水分、葡萄糖、维生素C以及铁等营养元素，
具有抗老化、舒缓压力、缓解疲乏的功效。

# 草莓

浆果类

**盛产期**

| | |
|---|---|
| 1 | |
| 2 | |
| 3 | |
| 4 | |
| 5 | |
| 6 | |
| 7 | |
| 8 | |
| 9 | |
| 10 | |
| 11 | |
| 12 | |

（月份）

**热 量** 30千卡/100克

## 放心买

**❶ 颜色鲜红均匀**

挑选的时候应该尽量挑选全果鲜红均匀，色泽鲜亮，有光泽的。

**❷ 叶片鲜绿**

蒂头叶片鲜绿，有细小茸毛，表面光亮，无损伤腐烂草莓较为新鲜。

**❸ 切面形状偏心形**

选择大小一致，切开后，切面形状偏心形的草莓。

## 不能买

**❶ 不买转基因草莓**

不要买畸形草莓，这样的草莓有可能是转基因的。

**❷ 草莓籽是红色不宜买**

自然成熟的草莓，表面的籽是白色的；如果籽是红色的，那么就一定是染色的，或者打了激素，不宜买。

**❸ 颜色不均匀**

表皮颜色不均匀，偏青白的草莓成熟度不够，口感会偏酸。

## ● 安全处理

✽ **清洗：** 清洗草莓，可用淘米水。草莓不要去叶头，放入水中浸泡15分钟，如此可让大部分农药随着水溶解。然后将草莓去叶子，用淡盐水或淘米水浸泡10分钟左右，去蒂，清洗干净即可。洗草莓时，千万注意不要把草莓蒂摘掉，去蒂的草莓若放在水中浸泡，残留的农药会随水进入果实内部，造成更不必要的污染。

## ● 正确保存

✽ **通风保存法：** 如果天气不冷不热，可以把草莓放在比较通风的地方，比如簸子，一般能保存一两天。

✽ **冰箱保存法：** 如果天气比较热，可以把草莓放到冰箱冷藏。把草莓装入保鲜袋中，扎紧袋口，防止失水、干缩变色，然后以0～3℃冷藏，保持一定的恒温，切忌温度忽高忽低。

✽ **容器保存法：** 可以将草莓放在密闭的容器里。贮存草莓之前，要把草莓擦拭干净，而且不要碰坏了，要不然会坏得比较快。如果是冬季，要把草莓放到密闭的容器里保温，尽量保证草莓的贮存温度在0℃以上。

## ● 美味菜谱

### 低糖草莓酱

制作时间：25分钟　功效：开胃消食

**原料** 冰糖5克，草莓260克

**做法**
1. 洗净的草莓去蒂，切小块，待用。
2. 锅中注入约80毫升清水，倒入切好的草莓。
3. 放入冰糖，搅拌约2分钟至冒出小泡。
4. 调小火，继续搅拌约20分钟至黏稠状。
5. 关火后将草莓酱装入小瓶中即可。

扫一扫看视频

**TIPS** | 如果想吃口感稠一点的草莓酱，水可减少到50毫升。

桑葚

浆果类

**盛产期**

| 1 |
| 2 |
| 3 |
| 4 |
| 5 |
| 6 |
| 7 |
| 8 |
| 9 |
| 10 |
| 11 |
| 12 |

（月份）

**热量** 49千卡/100克

## 放心买

**❶ 颗粒饱满厚实**

选择颗粒比较饱满，厚实，没有出水，比较坚挺的。

**❷ 颜色呈黑紫色**

尽量挑选呈黑紫色的桑葚，味道比较甜。

**❸ 表面没有破损**

挑选桑葚时，要选择表面光滑没有破损的，破损的桑葚容易腐败变质。

## 不能买

**❶ 染色桑葚**

如果桑葚颜色比较深，味道比较甜，而里面比较生，就要注意了，这种有可能是经过染色的桑葚。

**❷ 青色桑葚**

表皮带有青色的桑葚是不成熟的，味道酸涩，不宜购买。

## ● 安全处理

* **食盐清洗法：** 在碗里放点盐，加入少量开水让盐溶化，注入更多的冷水，倒入桑葚里，浸泡5分钟后用冷水再清洗一下即可。
* **淘米水清洗法：** 可以先用自来水连续冲洗桑葚表面几分钟，再将其浸泡于淘米水中（可加少许盐），浸泡时间控制在15分钟左右为宜，然后用清水洗净。

## ● 正确保存

* **冰箱冷藏法：** 不要清洗桑葚，保持干爽，用敞口的容器盛放，放进冰箱冷藏。
* **冰箱冷冻法：** 先洗净，用保鲜袋分成小包，放冰箱冷冻，吃时用冷水化开。
* **腌制保存法：** 洗净沥干水，找个密封罐，加少许盐和大量糖腌制，密封进冰箱冷藏，可以放一个星期。

## ● 美味菜谱

# 草莓桑葚果汁

制作时间：2分钟　功效：美容养颜

**原料** 草莓100克，桑葚130克，柠檬汁30克，蜂蜜20克

扫一扫看视频

**做法**
1. 洗净去蒂的草莓对半切开，待用。
2. 备好榨汁机，倒入草莓、桑葚。
3. 再挤入柠檬汁，倒入少许清水。
4. 盖上盖，调转旋钮至1档，榨取果汁。
5. 将榨好的果汁倒入杯中。
6. 再淋上备好的蜂蜜即可。

**TIPS** | 食材的选择可以根据自己的喜好来作调整。

# 覆盆子

**盛产期**

| 1 |
| 2 |
| 3 |
| 4 |
| 5 |
| 6 |
| 7 |
| 8 |
| 9 |
| 10 |
| 11 |
| 12 |

（月份）

**热量** 49千卡/100克

## 放心买

**❶ 饱满有光泽**

购买覆盆子时最好挑选饱满及有光泽的，更新鲜。

**❷ 包装盒不完全密封**

如果是购买盒装的覆盆子，要确保包装盒并不是完全密封的。

**❸ 色泽亮红**

挑选红色覆盆子时要选择色泽亮红的，味道酸甜可口。

## 不能买

**❶ 按压起来过于软的**

避免挑选按压起来过于软的覆盆子，这样的覆盆子是放了很长时间的。

**❷ 果实太挤**

有太多果实挤在一起的，太过成熟的覆盆子也不要买。

**❸ 颜色发青**

颜色不鲜明或者颜色发青的覆盆子是不成熟的，味道酸涩，不宜买。

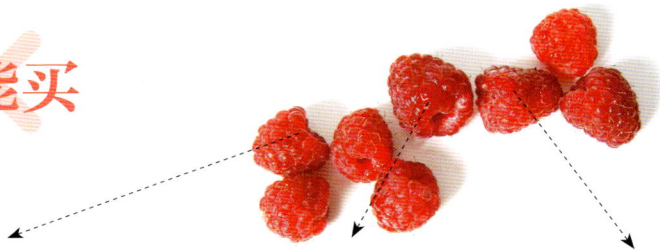

## ● 安全处理

✳ **清洗**：生食或泡茶的覆盆子都可用清水冲洗干净即可。因为覆盆子的颗粒与颗粒之间的空隙较大，水很容易进去。清洗的时候，一定要迅速地并且轻轻地清洗。刚挑选的覆盆子可以放在容器内轻轻地摇动以驱逐昆虫，如覆盆子蚜虫，它们通常会藏在其中。

## ● 正确保存

因为覆盆子很容易腐烂，所以在保存的时候要格外小心。如果买回来的覆盆子，一次性吃不完，要将剩余的部分放入冰箱保存。在放入冰箱前，要将覆盆子中已经碰坏或腐烂的扔掉，因为这些腐烂的覆盆子会污染其他好的。将没有洗过的覆盆子放入原有的包装盒或者放进玻璃、塑料的容器里密封保存，放在冰箱中可保存一两天。从冰箱取出即食，最好不要在室温下放置超过2小时，并且要避免强光直射。

## ● 美味菜谱

### 梅子露

制作时间：3分钟　功效：美容养颜

**原料**　覆盆子50克，桑葚20克，蓝莓20克，薄荷叶适量

**调料**　红糖适量

**做法**　1.将覆盆子、桑葚、蓝莓、薄荷叶分别用水洗净，待用。
2.将锅洗净，加入适量清水煮开。
3.加入覆盆子、桑葚、蓝莓、薄荷叶，拌匀，调入红糖，用小火煮至红糖溶化。
4.用勺搅拌均匀，最后将煮好的糖水盛入汤碗中即可。

# 蓝莓

**盛产期**

| 1 |
|---|
| 2 |
| 3 |
| 4 |
| 5 |
| 6 |
| **7** |
| 8 |
| 9 |
| 10 |
| 11 |
| 12 |

（月份）

**热量** 57千卡/100克

## 放心买

**❶ 形状圆润均匀**

好的蓝莓形状圆润、大小均匀，表皮细滑、不黏手。

**❷ 覆有白霜**

好的蓝莓表皮为蓝紫色，覆有白霜。

**❸ 摸软硬**

用手摸一摸，好的蓝莓果实结实。

## 不能买

**❶ 大小不均匀、表皮粗糙**

大小不均匀、表皮粗糙的蓝莓说明发育不良，不宜选购。

**❷ 颜色发红或发黑**

如果蓝莓颜色发红，说明尚未成熟；如果呈现黑色，说明蓝莓过熟。

**❸ 摸软硬**

如果摸起来很软，还有汁液渗出，说明已经熟过头了。

## ● 安全处理

* **食盐清洗法**：在水中加一些盐，然后将蓝莓放在其中浸泡5分钟左右，同时轻轻揉搓，最后用清水淘洗干净即可。
* **淘米水清洗法**：将蓝莓放入淘米水中浸泡片刻，然后只需轻轻揉搓，就能将其表面的污垢清理干净了，最后再用清水清洗干净。

## ● 正确保存

* **通风保存法**：如果是在常温下保存，可以将蓝莓装在透气的食品盒中，放在阴凉、通风的地方。温度在15～25℃最佳，能够存放一周左右。
* **冰箱冷藏法**：不要清洗，保持蓝莓干燥，将蓝莓用白纸、保鲜膜包起来，放入冰箱中冷藏，温度控制在1～3℃，这样能保鲜两周左右。
* **冰箱冷冻法**：如果购买了大量的蓝莓，可以将其冷冻几小时，确定已冻结后，装入密封容器内，放到冷藏室里，随吃随取。冷冻时建议用保鲜膜密封，以防蓝莓水分流失或与其他食品串味。

## ● 美味菜谱

### 蓝莓奶昔

制作时间：2分钟　功效：保护视力

| 原料 | 蓝莓60克，鲜奶50毫升，酸奶50毫升，柠檬汁20克，桑葚50克 |
| --- | --- |
| 做法 | 1.备好榨汁机，倒入洗净的蓝莓、桑葚。<br>2.再挤入柠檬汁，倒入鲜奶、酸奶。<br>3.盖上盖，调转旋钮至1档，榨取奶昔。<br>4.将榨好的奶昔倒入杯中即可。 |

扫一扫看视频

**TIPS** ｜ 蓝莓最好用温水浸泡清洗，能更好地洗净。

## 黑莓

浆果类

**盛产期**

**热量** 43千卡/100克

| 1 |
| 2 |
| 3 |
| 4 |
| 5 |
| 6 |
| **7** |
| **8** |
| 9 |
| 10 |
| 11 |
| 12 |

（月份）

**放心买** ✓

**❶ 颜色呈黑紫色**

尽量挑选呈黑紫色的黑莓，味道比较甜。

**❷ 颗粒饱满厚实**

选择颗粒比较饱满，果质结实，没有凹陷的。

**❸ 表面没有破损**

挑选黑莓时，要选择表面光滑没有破损的，破损的黑莓容易腐败变质。

**不能买** ✗

**❶ 染色黑莓**

紫蓝色的果皮着色不均匀，有可能是染色的，不宜购买。

**❷ 较生的黑莓**

带有花萼但不容易剥离的黑莓一般都是尚未熟透的，味道会很酸，不宜购买。

## ● 安全处理

* **食盐清洗法：**在碗里放点盐，加入少量开水让盐溶化，再注入更多的冷水，倒入黑莓，浸泡5分钟后用冷水再清洗一下即可。
* **淘米水清洗法：**可以先用自来水连续冲洗黑莓表面几分钟，再将其浸泡于淘米水中（可加少许盐），浸泡时间控制在15分钟左右为宜，然后用清水洗净即可。

## ● 正确保存

* **冰箱冷藏法：**不要清洗黑莓，保持干爽，用敞口的容器盛放，放进冰箱冷藏。
* **冰箱冷冻法：**先洗净黑莓，用保鲜袋分成小包，放冰箱冷冻，吃时用冷水化开。
* **腌制保存法：**将黑莓洗净沥干水，装入密封罐，加少许盐和大量糖腌制，密封进冰箱冷藏室。

## ● 美味菜谱

### 杂莓奶昔

制作时间：6分钟　功效：增强免疫力

| 原料 | 草莓80克，黑莓50克，蓝莓40克，青柠檬汁20克，白糖5克，牛奶80毫升 |
| --- | --- |

扫一扫看视频

**做法**
1. 草莓去蒂，对半切开。
2. 将草莓、黑莓、倒入榨汁杯中。
3. 倒入蓝莓，挤入青柠檬汁。
4. 倒入牛奶、白糖。
5. 榨汁杯安在榨汁机上。
6. 打成奶昔，倒入杯中即可。

# 圣女果

| 盛产期 | 热量 |
|---|---|
| 1 | 22千卡/100克 |
| 2 | |
| 3 | |
| 4 | |
| 5 | |
| 6 | |
| 7 | |
| 8 | |
| 9 | |
| 10 | |
| 11 | |
| 12 | |
| （月份） | |

## 放心买

**❶ 叶子新鲜**

市面上的圣女果多带有果蒂或叶子，可依据叶子新鲜度作为挑选标准。

**❷ 呈均匀深红色**

颜色为均匀深红色的圣女果成熟度高，口感香甜。

**❸ 表皮比较光滑**

选择表皮比较光滑的，看起来没有小疙瘩、小斑点之类的会很好吃，也会很新鲜。

## 不能买

**❶ 表皮颜色不均匀**

如果圣女果特别红，都红得发黑了，那是存放久的缘故；若颜色发黄发青则说明是未成熟便采摘的，都不宜买。

**❷ 摸起来很软**

如果摸起来很软，就像是要破了似的，就说明圣女果已经放很久了，买来很容易坏掉。

**❸ 外形怪异**

圣女果的外形长得怪异，如尾部尖尖、个头过大、形状不规则等不建议购买。

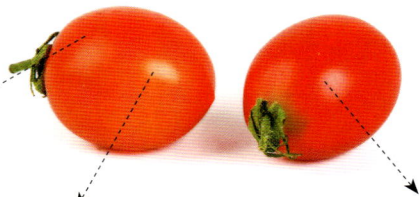

## ● 安全处理

✳ **食盐清洗法：** 加盐轻轻地揉一下，让圣女果的外皮都有沾到盐，然后泡20分钟，倒掉水，加清水再洗干净，最后用凉开水过一下。

✳ **果蔬清洗剂清洗法：** 将少许果蔬洗涤剂倒入清水中，化开，将圣女果倒入水中，轻轻搓洗，再用清水冲洗，直到干净为止。

✳ **苏打清洗法：** 取小苏打一勺，放入清水中，将圣女果放入其中浸泡10～20分钟，再用清水冲洗即可。

✳ **毛巾清洗法：** 找块毛巾，把圣女果盛在毛巾里，放在水里筛，表面的灰尘会很快就没了，然后再用清水漂洗干净即可。

## ● 正确保存

将圣女果放进保鲜袋里，密封放进冰箱中，细菌不容易进入，可保存两三天。

## ● 美味菜谱

### 圣女果意大利面

制作时间：18分钟　功效：增强免疫力

**原料** 圣女果50克，意大利面100克，薄荷叶适量

**调料** 橄榄油10毫升，罗勒青酱适量，奶酪少许，盐适量

**做法** 1.将圣女果对半切开，奶酪切成薄片。

2.将意大利面放入沸水锅中煮12分钟至熟，捞出放入凉水中浸泡。

3.在热锅中倒入橄榄油，放入圣女果、盐、奶酪、罗勒青酱、意大利面，炒匀盛出，放上薄荷叶装饰即可。

# 葡萄

盛产期

热量 47千卡/100克

| 1 |
| 2 |
| 3 |
| 4 |
| 5 |
| 6 |
| 7 |
| 8 |
| 9 |
| 10 |
| 11 |
| 12 |

（月份）

## 放心买

**❶ 果粒饱满**

一般购买葡萄都是整串购买的，因此应选择果粒饱满者多的一串葡萄。

**❷ 表皮颜色较深**

一般成熟度适中的葡萄，果粒颜色较深。

**❸ 有白色的霜**

新鲜的葡萄表皮上会有一层白色的霜，用手一碰，能够很容易掉落。

## 不能买

**❶ 果皮颜色不佳**

枝梗干枯、霉锈，果面湿润，果皮呈青棕色或灰黑色，皮皱、脱粒者质次。

**❷ 尝味道**

选购时可试吃葡萄串上最下面一粒葡萄，因为最下面一粒葡萄是最不甜的。如果这一粒很甜，就表示整串葡萄都很甜；反之，则不宜购买。

## ● 安全处理

* **食盐清洗法**：将成串的新鲜葡萄用剪刀一颗一颗地剪下来，将剪好的葡萄粒用水冲一下，然后撒上一些食盐，轻轻地揉搓，这样就能够清除上面的灰尘、农药和细菌。然后用清水浸泡15分钟左右，沥干水分即可。
* **淀粉清洗法**：往水中撒一些淀粉，将剪下来的葡萄颗粒放入水中，用手掌在水中搅动几下，倒掉浑浊的淀粉脏水，用清水冲几次至水清即可。淀粉是很好的天然吸着剂，可以吸掉蔬果表面的脏物及油脂。
* **果蔬清洗剂清洗法**：把果蔬清洗剂抹在葡萄表面，轻轻地揉搓，然后反复冲洗，沥干水分即可。注意，果蔬清洗剂不要放多了，而且要清洗干净。
* **牙膏清洗法**：先用清水将葡萄冲洗一遍，再挤些牙膏，把葡萄置于手掌间，轻加揉搓，过清水后，葡萄便能完全晶莹剔透。

## ● 正确保存

* **通风保存法**：放在通风、不受日照的阴凉处，也可以放到竹篮、果盘中。
* **冰箱冷藏法**：先不清洗，以保鲜袋或纸袋装好，防止果实的水分蒸发，入冰箱冷藏。可在保鲜袋上扎几个小孔，保持透气，以免水气积聚，造成水果腐坏。

## ● 美味菜谱

### 哈密瓜葡萄汁

**制作时间：2分钟  功效：开胃消食**

**原料**　哈密瓜150克，葡萄170克

**做法**
1. 洗净的葡萄对半切开，剔去籽。
2. 处理好的哈密瓜切成条，切小块，待用。
3. 备好榨汁机，倒入葡萄、哈密瓜块。
4. 倒入适量的凉开水。
5. 盖上盖，调转旋钮至1档，榨取果汁。
6. 将榨好的果汁倒入杯中即可。

**TIPS** | 不要加太多水，以免口感偏淡。

浆果类

# 柿子

**盛产期**　**热量** 60千卡/100克

| 1 |
| 2 |
| 3 |
| 4 |
| 5 |
| 6 |
| 7 |
| 8 |
| 9 |
| **10** |
| 11 |
| 12 |

（月份）

## 放心买

**❶ 形状有点方正**

应选择体形规则、有点方正的柿子。

**❷ 颜色鲜艳**

观察柿子的颜色是否鲜艳，颜色鲜艳的比较好吃。

**❸ 软硬度均匀**

选择软柿子的时候，用手轻轻触摸柿子表面，若柿子表面软硬度均匀分布则为较好的柿子。

## 不能买

**❶ 局部较硬**

选择软柿子的时候，用手轻轻触摸柿子表面，若柿子表面出现局部较硬的情况则为不太好的柿子。

**❷ 表面畸形，局部凹凸**

不要选择表面畸形，局部明显凹凸的柿子。

## ● 安全处理

* **食盐清洗法：** 将柿子放入盐水中浸泡15分钟，然后用清水不停地冲洗干净即可。
* **淀粉清洗法：** 将少许淀粉倒入盛有清水的盆中，然后将柿子放入其中，轻轻搓洗表面，捞出后用清水冲洗干净，沥干水分即可。
* **牙膏清洗法：** 可将少许牙膏挤在清水中，搅拌起泡沫后，把柿子放在水中清洗。洗后再用清水过一下即可。

## ● 正确保存

* **通风储存法：** 柿子要保留较短的果柄和完好的萼片，且不受损伤。然后，轻轻装入篓、筐等容器内，放在阴凉通风处。
* **冰箱冷藏法：** 可以放在冰箱里冷藏，先不清洗，只要以保鲜袋或纸袋装好，防止果实的水分蒸发。可在保鲜袋扎几个小孔，保持透气，以免水汽积聚，造成柿子腐坏。
* **冰箱冷冻法：** 将柿子用保鲜袋装好，放在冷冻室里，冷冻保存柿子，这样能保存很长时间。

## ● 美味菜谱

# 柿子冰激凌

制作时间：5小时15分钟　功效：美容养颜

**原料**　牛奶300毫升，植物奶油300克，糖粉150克，蛋黄2个，玉米淀粉15克，柿子泥300克

扫一扫看视频

**做法**　1.锅中倒入玉米淀粉，加入牛奶，拌匀，煮至80℃关火，倒入糖粉，拌匀。

2.玻璃碗中倒入蛋黄打成蛋液，倒入步骤1中的奶浆，倒入植物奶油拌匀。

3.倒入柿子泥，打匀，制成冰激凌浆，倒入保鲜盒，封上保鲜膜，放入冰箱冷冻5小时至定型，取出即可。

浆果类

# 石榴

**盛产期**

| 1 |
| 2 |
| 3 |
| 4 |
| 5 |
| 6 |
| 7 |
| 8 |
| 9 |
| 10 |
| 11 |
| 12 |

（月份）

**热量** 63千卡/100克

## 放心买 ✓

**❶ 表皮光滑**

如果石榴表皮光滑，没有褶皱或者裂痕就说明石榴很新鲜。

**❷ 同样体积偏重一些的更好**

在差不多大的石榴中，如果其中一个放在手心感觉重一点的，那就是熟透了的，里面水分会比较多。

**❸ 表皮颜色鲜艳**

挑选石榴，要懂看颜色，如果发现石榴的颜色比较鲜艳，而且表皮比较光亮而不是发暗的话，说明石榴是比较新鲜的。

## 不能买 ✗

**❶ 石榴表面暗淡无光**

如果石榴表面暗淡无光，而且还有黑斑，这就说明这个石榴放置的时间比较长，不太新鲜了，坚决不能购买。

**❷ 石榴表皮松弛**

石榴的皮如果是松弛的，那就代表石榴不够新鲜。

## ● 安全处理

✳ **清洗：** 石榴营养丰富，入口前必须将表皮仔细清洗干净，可将石榴放进盆里，加入适量的清水，用毛刷在石榴表皮刷洗，再用清水冲洗干净即可。

## ● 正确保存

✳ **通风保存法：** 将石榴放进保鲜袋子里，装袋前先检查袋壁有无破损和漏气，初期不要扎紧袋口，折叠拧紧即可。贮放一个月后，每半个月检查一次。当外界气温降至5℃以后，扎紧袋口，放在室内通风阴凉处。

✳ **容器保存法：** 选干净无油垢的坛、缸、罐等容器，底部铺一层湿沙，厚5厘米，中央放一个草制通气筒，将石榴放满容器为度，上面盖一层湿沙，用塑料薄膜封好即可。此法仅作少量贮藏。

## ● 美味菜谱

### 石榴鸡蛋沙拉

制作时间：5分钟　功效：增强免疫力

**原料** 石榴30克，松子10克，鸡蛋1个，洋葱30克，鸡胸肉少许

**调料** 橄榄油、沙拉酱、醋、盐各适量

**做法** 1.锅中倒水烧开，加盐，放入鸡胸肉汆熟，取出沥水，撕成粗条，加醋拌匀。
2.石榴剥壳取籽，洋葱洗净切碎。
3.鸡蛋打入碗中搅匀，再放入洋葱碎、盐拌匀，入锅翻炒至蛋液凝固。
4.将鸡蛋、鸡胸肉、石榴、松子拌匀，淋入橄榄油、沙拉酱即可。

# 香蕉

**盛产期** | **热量** 91千卡/100克

| 1 | |
| 2 | |
| 3 | |
| 4 | |
| 5 | |
| 6 | |
| 7 | |
| 8 | |
| 9 | |
| 10 | |
| 11 | |
| 12 | |

（月份）

## 放心买 ✔

**❶ 香蕉柄是绿色**

香蕉柄是香蕉成熟最慢的部位，若香蕉柄是绿色则说明香蕉较为新鲜。

**❷ 表皮有光泽，不破损**

新鲜的香蕉表皮有光泽，没有破损，适宜购买。

**❸ 有黑点说明不是催熟香蕉**

催熟的香蕉表皮一般不会有香蕉熟透的标志——梅花点，因此在挑选香蕉时，有梅花点的香蕉相对可靠。

## 不能买 ✖

**❶ 果皮全青和过黑**

看香蕉的颜色。果皮全青的为过生果，果皮变黑的为过熟果，都不宜购买。

**❷ 香蕉柄易剥落**

如果香蕉柄很容易剥落，或者有腐烂现象，则不宜选购。

## ● 安全处理

✳ **清洗：** 由于香蕉的表皮上除了残留农药外，还含有防腐剂、催熟剂等对人体有害的物质，所以进食前，还是清洗干净更为安全。将香蕉在流水下冲洗干净，沥干水分即可。

## ● 正确保存

✳ **通风保存法：** 用清水冲洗几遍，用干净的抹布擦干水分，表皮要保存无水分的干燥状态，用几张白纸将香蕉包裹起来，放到室内通风阴凉处，注意接触面尽量小。或直接将整串香蕉悬挂起来，同样能延长保存时间。

✳ **冰箱冷藏法：** 将未成熟的香蕉放入冰箱冷藏室内贮存，能使香蕉保鲜较长时间，即使外皮变色，里面也一样新鲜。

## ● 美味菜谱

### 红豆香蕉椰奶

制作时间：68分钟　功效：益气补血

**原料** 水发红豆230克，香蕉1根，椰奶、豆浆各100毫升，抹茶粉10克，蜂蜜3克，椰子油8毫升

扫一扫看视频

**做法** 1.香蕉剥皮，切厚片，待用。
2.锅中注入清水烧开，倒入红豆，用大火煮开后转小火煮1小时，盛出装碗。
3.取一碗，倒入椰奶、豆浆、蜂蜜、椰子油，放入一半抹茶粉、红豆拌匀。
4.将香蕉片平铺在碗底，倒入红豆椰奶汁，放上剩余抹茶粉即可。

## 浆果类

# 獼猴桃

| 盛产期 | 热量 |
|---|---|
| 1 2 3 4 5 6 7 8 9 **10** **11** **12** （月份） | 50千卡/100克 |

## 放心买 ✓

**❶ 头尖尖的**

大小适中、体形饱满、头尖尖的果肉较香甜，且一般激素使用量较少。

**❷ 表皮颜色均匀**

选择颜色分布均匀，接近土黄色、深褐色的獼猴桃，有光泽且表面毛不容易脱落的为佳。

**❸ 表面结实**

表面结实者为佳，局部或整体较软的口感较差，不新鲜。

## 不能买 ✗

**❶ 局部或者整体比较软**

如果獼猴桃局部或者整体比较软的话，建议不要挑选，因为一般局部较软，不经放。选择较硬的为佳。

**❷ 扁扁的獼猴桃可能打了激素**

不要选择扁扁的像鸭子嘴巴的獼猴桃，一般是用了激素的。

## ● 安全处理

* **食盐清洗法**：准备一碗淡盐水，搅匀。将猕猴桃放入盐水中，浸泡15分钟左右，用手抓洗一下，可用软毛刷轻轻刷洗表面，将表面的毛刷洗干净，放在流水下冲洗，沥干水分即可。
* **淘米水清洗法**：将猕猴桃放在淘米水中，浸泡15分钟左右，用手将猕猴桃表面的毛搓洗干净，再将猕猴桃放在流水下冲洗，沥干水分即可。

## ● 正确保存

* **冰箱冷藏法**：猕猴桃适合冷藏保存，保存猕猴桃的温度适宜−1～1℃，相对湿度90%～95%为宜，一般可储藏5个月左右。
* **容器保存法**：不可将猕猴桃放置于通风处，这样水分容易流失，会变得越来越硬。正确的方法是，将软的、硬的分别存放于箱子中，且密封好，防止水分流失。在食用时，先吃放软的猕猴桃。

## ● 美味菜谱

### 猕猴桃大杏仁沙拉

制作时间：5分钟　功效：开胃消食

| | |
|---|---|
| **原料** | 猕猴桃130克，大杏仁10克，生菜50克，圣女果50克，柠檬汁10毫升 |
| **调料** | 蜂蜜2克，橄榄油10毫升，盐少许 |
| **做法** | 1.圣女果对半切开，猕猴桃切成片，生菜切成块。<br>2.取一个大碗，放入生菜、大杏仁、猕猴桃、圣女果、柠檬汁、盐、蜂蜜、橄榄油，拌匀，装入盘中即可。 |

扫一扫看视频

## 杨桃

**浆果类**

**盛产期**

| 月份 |
|---|
| 1 |
| 2 |
| 3 |
| 4 |
| 5 |
| 6 |
| 7 |
| 8 |
| 9 |
| 10 |
| 11 |
| 12 |

（月份）

**热量** 35千卡/100克

### 放心买

**❶ 棱片大小均匀**

如果外观完整，没有奇形怪状，每个棱片大小都很均匀，一般质量比较好。

**❷ 棱边青绿、鼓起、富光泽**

棱边青绿、鼓起、富光泽且有透明感的杨桃比较好，汁液较多。

**❸ 颜色绿中带黄**

杨桃没有后熟阶段，挑选时就要挑成熟度适当的杨桃，绿中带黄的杨桃代表成熟度刚好。

### 不能买

**❶ 有外伤**

杨桃外形有棱有角，挑选时不要选有外伤的，包括撞伤痕迹。

**❷ 颜色太黄或太绿**

杨桃颜色太黄表示过熟，太绿则成熟度不足。

**❸ 局部或整体较软**

用手把果实的全身摸一遍，看看是不是较硬，如果出现局部或整体较软的情况最好舍弃。

## ● 安全处理

* **食盐清洗法：** 杨桃放入盆中，注入清水，再加入适量盐。把杨桃在盐水中浸泡一会儿，用手轻轻搓洗，捞出杨桃，用清水冲洗干净，沥干水分即可。
* **淀粉清洗法：** 将杨桃放入盆中，往盆中注入清水，再倒入适量淀粉，将淀粉搅拌均匀，将杨桃浸泡几分钟后搓洗干净，用清水将杨桃冲洗干净，沥干水分即可。
* **果蔬清洁剂清洗法：** 将杨桃放入盆中，往盆中注入清水，加入适量果蔬清洁剂，将杨桃浸泡5分钟左右。将杨桃捞出，用清水冲洗干净，沥干水分即可。

## ● 正确保存

杨桃含水量多，而且怕压，可用厨房用纸、白纸包装，再套上一个有孔的保鲜袋后放入冰箱里，层数不要太多，储存在3～5℃条件下，熟透果实为2天，青果实可存三四周。但是，如果存放时间太长，果肉内部会失水发糠，味道变淡，失去食用价值。

## ● 美味菜谱

### 杨桃炒牛肉

制作时间：5分钟　功效：降低血压

| | |
|---|---|
| 原料 | 牛肉130克，杨桃120克，彩椒50克，姜片、蒜片、葱段各少许 |
| 调料 | 盐3克，食粉、白糖各少许，蚝油6克，料酒4毫升，生抽10毫升，水淀粉、食用油各适量 |
| 做法 | 1.彩椒切小块，牛肉切片，杨桃切片。<br>2.牛肉片用生抽、食粉、盐、水淀粉腌渍。<br>3.锅中注水烧开，倒入牛肉余熟捞出。<br>4.用油起锅，放入姜片、蒜片、葱段、牛肉片、料酒、杨桃片、彩椒、生抽、蚝油、盐、白糖、水淀粉，炒匀即可。 |

# 无花果

浆果类

**盛产期**

**热量** 29千卡/100克

1
2
3
4
5
6
7
**8**
**9**
10
11
12

（月份）

## 放心买

**❶ 丰满个头大**

无花果的外表以丰满的、无瑕疵的为好，个头要尽量大一些。

**❷ 裂纹多、开口小**

购买无花果时，挑选那些果实上裂纹多一点，前面的口开得小一点的。

**❸ 颜色较深**

尽量选择颜色较深的，这样的果子熟得透，口感更甜。

## 不能买

**❶ 裂嘴特别大**

在选购无花果的时候，不要买前面裂嘴特别大的。

**❷ 有酸酸的气味**

如果无花果发出一股酸酸的气味，一般代表它已经坏了，不宜购买。

## ● 安全处理

✳ **清洗：** 新鲜无花果最主要的食用方法是直接洗净鲜吃。这种方法最简单最科学也最适用。将刚采摘下的无花果去除茎后，用流水冲洗至少60秒，用清水清洗干净，把果皮剥掉，直接食用果皮里面的红色果肉即可，果肉甘甜如蜜，清新爽口，是水果中的佳品。

## ● 正确保存

✳ **通风储存法：** 无花果极为鲜嫩，不宜长期保存，将新鲜无花果平摊在干净的桌子上或木板上，开窗通风，保存时间会长一些。

✳ **冰箱冷藏法：** 利用冰箱进行冷藏保存，保存前一定不要清洗，只要简单清除掉其中的杂质，装入保鲜袋内密封，放入冰箱保存即可。注意的事项是装果时不要太多，避免因果实太多而相互挤压，造成果实损伤严重而不利于保存。无花果的最佳储存温度在0~2℃，保持较好的果实可以储存30天。一般家用冰箱冷藏保存时间为8~15天。

## ● 美味菜谱

### 无花果紫薯沙拉挞

制作时间：3分钟　功效：润肠通便

| | |
|---|---|
| 原料 | 无花果、紫薯各50克，烤熟的蛋挞皮2个，独行菜少许 |
| 调料 | 沙拉酱20克 |
| 做法 | 1.无花果洗净，切瓣。<br>2.紫薯洗净去皮，切块，待用。<br>3.锅中注水烧开，倒入切块的紫薯，煮至熟，捞出。<br>4.将无花果、紫薯、独行菜放入蛋挞皮中。 |

# 火龙果

| 盛产期 | 热量 |
|---|---|
| 1 | |
| 2 | |
| 3 | |
| 4 | 60千卡/100克 |
| 5 | |
| 6 | |
| 7 | |
| 8 | |
| 9 | |
| 10 | |
| 11 | |
| 12 | |
| (月份) | |

## 放心买

**❶ 外皮颜色鲜艳**

火龙果外皮颜色越红、越鲜艳，表明其成熟度越高、口感越好、甜度越高。

**❷ 形状短圆**

短圆形的火龙果水分多，比较甜，口感好。

**❸ 表皮光滑**

表皮越光滑，说明越新鲜，果肉就会越好吃。

## 不能买

**❶ 表皮褶皱或梗部腐烂**

购买时应注意观察火龙果是否表皮有褶皱或梗部有腐烂，如果有则表示放置时间过长，不新鲜。

**❷ 瘦长形火龙果**

不要选择瘦长形的火龙果，水分少，口感也差一些。

**❸ 太软或太硬**

可以用手轻轻捏一捏，按一按，如果很软说明火龙果过熟了；如果很硬，按不动，说明火龙果很生。

## ● 安全处理

✳ **清洗**：火龙果是去皮食用的，所以将果皮简单清洗一下即可。将火龙果放入盆中，往盆中注入清水，用手将火龙果简单搓洗一遍，再将火龙果放在流水下冲洗干净，沥干水分即可。

## ● 正确保存

✳ **通风保存法**：一般来讲，刚从超市购买的火龙果要延长它的保鲜期，通常要放于阴凉通风的地方。从超市里购买的正熟火龙果，一般只能保存一两天。

✳ **冰箱冷藏法**：当使用冰箱保存火龙果时，前期不能对火龙果进行清洗。要用保鲜膜或者保鲜袋进行密封，防止水分蒸发，但是要在保鲜袋上扎几个孔，保持良好的透气，以免造成腐烂。

## ● 美味菜谱

### 火龙果炒饭

制作时间：4分钟　功效：美容养颜

**原料**　火龙果350克，熟米饭160克，鸡蛋液65克，香菇35克，去皮胡萝卜40克，黄瓜55克

**调料**　盐、鸡粉各1克，食用油适量

**做法**　1.香菇、胡萝卜、黄瓜均切丁；火龙果切两半，挖出果肉，外皮留用作盅，果肉切小块；将蛋液与熟米饭混合均匀。
2.热锅注油，倒入香菇丁、胡萝卜丁、米饭和蛋液炒熟，加入盐、鸡粉、火龙果、黄瓜丁，炒匀，装入果盅内即可。

扫一扫看视频

# Part

# 3

# 柑橘类

柚子、橘子、橙子、柠檬等，
都是柑橘类的大家庭的成员。
柑橘类水果的果实具有丰富的营养成分，
酸甜可口，人人爱吃。
柑橘类水果除了可以鲜食外，
还可以制成罐头、果汁、果酱、果酒、蜜饯等产品。

# 柑子

柑橘类

**盛产期**

| 1 |
| 2 |
| 3 |
| 4 |
| 5 |
| 6 |
| 7 |
| 8 |
| 9 |
| 10 |
| 11 |
| 12 |

（月份）

**热量** 38千卡/100克

## 放心买

**❶ 果梗新鲜**

果梗应新鲜、青色，不脱落，剪口平整。

**❷ 果形端正**

挑选果形端正的，无歪肩、歪蒂、歪脐的柑子。

**❸ 看颜色**

柑子的底部颜色基本转黄或呈橙红色、鲜红色，局部微带绿色。

## 不能买

**❶ 畸形果子**

不要选择有突起或有凹陷等畸形的果子。

**❷ 重量过重或过轻**

同样大小的柑子，没有完全成熟的会过重，成熟过度的柑子因含水分过少而分量过轻。

**❸ 颜色偏绿**

如果柑子表皮绿色超过果面50%，就不要购买。

## ● 安全处理

✳ **清洗：**用蔬菜刷或者未使用过的牙刷，在自来水下多次刷洗，以避免果皮上的细菌在剥皮时趁机而入，进入果肉。

## ● 正确保存

✳ **通风储存法：**取一头大蒜剥皮拍碎，放入盆中，倒入小半盆热水，利用热水的高温让大蒜里的汁液完全溶于水中，冷却后，将柑子放入水里，浸泡30秒后捞出，置于阴凉处存放。这样能在10℃的环境下存放一两个月。

✳ **冰箱冷藏法：**取凉水半盆，小苏打2勺，搅匀，放入柑子，浸泡10分钟左右后取出柑子，放在通风处让柑子的水自然蒸发，然后用保鲜膜包紧柑子。要注意不要有空气在内，把柑子放进冰箱。这种方法能保持柑子一两个月新鲜。

✳ **容器储存法：**用纸箱装起来，放在干燥通风处可储存一个星期。注意及时将坏的柑子挑出来，以免影响其余的柑子变质。

## ● 美味菜谱

# 柑子马蹄甜瓜汁

**制作时间：5分钟　功效：降低血脂**

**原料**　柑子150克，马蹄90克，甜瓜100克，清水200毫升

**做法**
1.马蹄切块。
2.柑子去皮，剥成瓣。
3.甜瓜去皮，挖成果球。
4.将柑子瓣、马蹄块、甜瓜球放入榨汁机中。
5.倒入清水，榨成果汁，过滤，装入杯中，点缀果球即可。

# 橘子

| | |
|---|---|
| 盛产期 | 热量 57千卡/100克 |

盛产期（月份）：
1 2 3 4 5 6 7 8 9 10 11 12

## 放心买 ✓

**❶ 颜色为橙黄色**

表皮呈橙黄色，且闪亮色泽的橘子一般最佳。

**❷ 果皮有弹性**

成熟适度的橘子果皮不软不硬，有较强的弹性。

**❸ 有很浓香味**

成熟适度的橘子会具有很浓的香味，香气扑鼻。

## 不能买 ✗

**❶ 长柄一端突出**

从橘子的侧面看，长柄的一端突出的橘子比凹进去的要酸。

**❷ 重量过重或过轻**

两个同样大小的橘子，没有完全成熟的会因为含水分过多而分量过重，成熟过度的橘子因含水分过少而分量过轻。

**❸ 没有香味**

没有完全成熟的橘子不会很香，会有股青草味；成熟过度的橘子因其消耗了部分挥发性香油，香味很差，甚至没有香味。

## ● 安全处理

**✻ 清洗：** 虽然橘子剥皮食用，但还是应该将表皮仔细清洗干净，将橘子放进盆子里，加入适量的清水，用毛刷刷洗橘子表面，再用清水冲洗干净即可。

## ● 正确保存

**✻ 通风储存法：** 在常温下，将橘子放在阴凉通风处可以保存1个星期，如果套上保鲜袋，储存的时间则更长。

**✻ 冰箱冷藏法：** 不要清洗橘子，用纸张包覆后再放入保鲜袋，存入冰箱冷藏室。保鲜袋能防止冰箱里的空气吸收水果水分，纸张则帮助吸收水分，避免水汽凝结滋生细菌、发霉。

**✻ 苏打保存法：** 把橘子浸泡在小苏打水中，1分钟后捞出。待表皮水分晾干后，装进保鲜袋中，密封袋口，可保鲜3个月。

**✻ 茶叶保存法：** 将茶叶装入透气好的布袋中，每袋装入量为10克，封口备用。取杀菌处理后的橘子3千克，与茶叶共同装入塑料包装袋中，扎实密封，放入阴凉处即可保鲜贮藏。

## ● 美味菜谱

### 橘子红薯汁

制作时间：2分钟　功效：降低血脂

**原料** 橘子2个，去皮熟红薯50克，肉桂粉少许

扫一扫看视频

**做法** 1.红薯切块；橘子剥皮，去筋，剥成小瓣，待用。

2.将红薯块倒入榨汁机中，放入橘子瓣，注入80毫升的凉开水。

3.盖上盖，榨约15秒成蔬果汁。

4.断电后揭开盖，将蔬果汁倒入杯中，放上肉桂粉即可。

**TIPS |** 肉桂粉可随自己喜好放或不放。

## 金橘

**盛产期**

| 热 量 |
|---|
| 50千卡/100克 |

1
2
3
4
5
6
7
8
9
10
11
12

（月份）

### 放心买

**❶ 颜色为金黄色**

皮薄的、颜色鲜艳有光泽、金黄色或橘色比较新鲜。

**❷ 果皮有弹性**

成熟适度的金橘果皮不软不硬，有较强的弹性。

**❸ 有很浓香味**

成熟适度的金橘会具有很浓的香味，香气扑鼻。

### 不能买

**❶ 表皮青色**

表皮青色面积越大，越不成熟。

**❷ 看底部**

金橘底部不是小圆圈而是小圆点，并且长柄一端是突出的，这种金橘是比较酸的。

## ● 安全处理

✱ **清洗：**金橘一般都是连皮吃，所以一定要注意清洗。取一个盆，注入清水，将一匙小苏打粉放入其中并搅拌至充分溶解。将金橘放入盆中，浸泡10分钟，充分去掉农药残留，倒掉小苏打水，用清水冲洗两遍。再将少许盐加入一杯凉开水中搅拌至溶解，盐水能够起到杀菌作用。将盐水倒在金橘上均匀浸透后倒掉，用清水冲洗干净，沥干金橘表面的水分即可。

## ● 正确保存

✱ **通风储存法：**在常温下，将金橘放在阴凉通风处可以保存1个星期，如果套上保鲜袋，储存的时间则更长。

✱ **苏打保存法：**用水溶解少量小苏打，然后把金橘放入小苏打水中浸一下，拿出来让它自然风干后，小苏打水就在金橘表面形成了保护膜，再装进保鲜袋中密封保存即可。这样处理过的金橘可保存1~3个月。

## ● 美味菜谱

### 金橘豆浆

制作时间：25分钟　功效：开胃消食

**原料**　金橘120克，水发黄豆120克

**做法**
1. 将浸泡8小时的黄豆倒入碗中，注入清水。
2. 用手搓洗干净，把洗好的黄豆倒入滤网中，沥干水分。
3. 取豆浆机，倒入洗净的黄豆、切好的金橘，注入清水，至水位线。
4. 盖上豆浆机机头，开始打浆。25分钟后，将打好的豆浆倒入滤网中，用勺子搅拌，滤取豆浆即可。

扫一扫看视频

# 橙子

**盛产期**

| |
|---|
| 1 |
| 2 |
| 3 |
| 4 |
| 5 |
| 6 |
| 7 |
| 8 |
| 9 |
| 10 |
| 11 |
| 12 |

（月份）

**热　量** 47千卡/100克

## 放心买

**❶ 大小适中**

选择大小适中的橙子，体形过大的水分并不是很充足。

**❷ 皮孔较多**

选择表皮呈橙黄色，表皮的皮孔相对较多，用手摸起来会觉得手感粗糙。

**❸ 橙脐有圆孔**

尽量选择母橙子，即橙脐有圆孔的，品质更好些。

## 不能买

**❷ 染色橙子**

加了色素的橙子，一擦皮就会褪色，纸也会沾上颜色。

**❶ 表皮有黑点**

劣质橙子的表皮皮孔较少，摸起来相对光滑些，同时表皮上有黑点，不宜买。

**❸ 弹性不好**

用手轻压表皮，弹性不好说明皮层厚，果肉干瘪，不好吃。

## ● 安全处理

* **清洗**：橙子要剥皮食用，所以将果皮简单清洗一下就可以了，将橙子放入盆中，注入清水，用刷子刷洗橙子表皮，去除污物，用流水清洗干净，沥干水分即可。

## ● 正确保存

* **通风保存法**：在橙子表面包一层保鲜膜，放在通风通气地方，比如家里的阳台。
* **冰箱冷藏法**：把橙子擦干净，晾干，用保鲜膜包裹橙子，不让它透气，然后放入冰箱冷藏室，可保存两三个月。
* **容器保存法**：如果是整箱的橙子，必须全部取出，用湿布擦干净橙子表面，晾干，把晾干的橙子用保鲜袋包装，放回箱中。记住，在擦拭橙子的时候，把挤压或者有外皮损伤的橙子拿出来尽快吃掉。保鲜袋要系紧，封口，把箱子放到阴凉的地方。

## ● 美味菜谱

### 橙子甜菜根沙拉

制作时间：3分钟　功效：开胃消食

**原料**　橙子、甜菜根各60克，莴笋叶10克，葱10克

**调料**　盐、油醋汁、橄榄油、蛋黄酱各适量

**做法**
1. 莴笋叶洗净，切丝；葱洗净，切末。
2. 橙子去皮，切薄片。
3. 甜菜根洗净去皮，切薄片，入锅中煮熟，捞出。
4. 将橙子、甜菜根、莴笋叶均放入碗中，加盐、油醋汁、橄榄油拌匀，撒上葱末，可在食用时适量添加蛋黄酱。

# 柚子

**盛产期**

| 1 |
| 2 |
| 3 |
| 4 |
| 5 |
| 6 |
| 7 |
| 8 |
| 9 |
| 10 |
| 11 |
| 12 |

（月份）

**热量** 37千卡/100克

## 放心买

**❶ 果蒂部呈短颈状**

果形以果蒂部呈短颈状的梨形为好，多数为皮薄、肉清甜的。

**❷ 表面为略深橙黄色**

成熟的柚子表面应该是呈略深色的橙黄色。

**❸ 有香甜气味**

品质优良的柚子，果面可略闻到香甜气味。

## 不能买

**❶ 果蒂部高大**

蒂部高大，表面有严重病虫斑的柚子，多数为皮厚、肉硬或木栓化，味道较差。

**❷ 表皮粗糙**

表皮比较粗糙的柚子为不熟的，不宜购买。

**❸ 手感稍软无弹性**

贮藏时间长的柚子，用手轻捏，手感稍软且无弹性。

## ● 安全处理

✳ **清洗：**柚子入口前必须将表皮仔细清洗干净，可往盆里注入清水，用毛刷刷洗柚子，冲洗干净，沥干水分即可。

## ● 正确保存

✳ **通风保存法：**柚子最好放在通风处，温度不宜过低，最好在10℃以上。柚子怕水，最好不要沾水，但最怕的还是酒，千万不要让酒沾到柚子，一沾到酒很快就会腐烂。

✳ **冰箱冷藏法：**柚子可以放冰箱，把剥好的柚子再用它自己的皮裹起来存放，可以很好地保持柚子的鲜甜跟水分。也可以将剥好的柚子用保鲜膜包好，放进冰箱冷藏保存。

## ● 美味菜谱

# 枸杞蜂蜜柚子茶

制作时间：2天　功效：清热解毒

**原料**　柚子皮100克，水发枸杞10克，冰糖60克，蜂蜜30克

扫一扫看视频

**做法**

1.备好的柚子皮切成丝。

2.砂锅中放入泡枸杞的水，再倒入适量清水。

3.倒入柚子皮丝、冰糖、拌匀，大火煮开后转小火煮10分钟，倒入枸杞，拌匀。

4.小火续煮2分钟，淋入备好的蜂蜜，搅拌匀。

5.关火后将煮好的柚子茶装罐中，放凉，盖上盖，密封2天即可食用。

柑橘类

# 西柚

| 盛产期 | 热量 33千卡/100克 |
|---|---|
| 1 | |
| 2 | |
| 3 | |
| 4 | |
| 5 | |
| 6 | |
| 7 | |
| 8 | |
| 9 | |
| 10 | |
| 11 | |
| 12 | |
| （月份） | |

## 放心买 ✓

**❶ 颜色鲜艳均匀**

要挑选果皮颜色鲜艳、分布均匀且带有光泽的西柚。

**❷ 沉重厚实**

把西柚拿在手中，掂量一下它的重量，感觉厚实、比较沉的就可以买，此类西柚比较新鲜，水分含量充足。

**❸ 有香甜气味**

品质优良的西柚，果面可略闻到香甜气味。

## 不能买 ✗

**❶ 有刮伤或压痕**

表面有刮伤或者是压痕的西柚不宜购买。

**❷ 表皮颜色不均**

表皮颜色不均的西柚为不熟的，不宜购买。

## ● 安全处理

**✳ 清洗：** 西柚入口前必须将表皮清洗干净，可往盆里注入清水，加入适量淀粉，放入西柚，浸泡2分钟，用手搓洗片刻，再用流水冲洗干净，沥干水分即可。

## ● 正确保存

**✳ 通风干燥法：** 未切开的西柚可以放在通风干燥的篮子里，避免光照。

**✳ 冰箱保存法：** 可以将西柚用保鲜膜包好，放在冰箱冷藏室里，一般能够保存6周左右，建议在这段时间内吃完。如果是切开的西柚，就最好是现吃了，吃不完的话就冷藏保存，但还是要尽快吃完。

## ● 美味菜谱

### 胡萝卜西柚汁

制作时间：1分钟　功效：美容养颜

**原料** 去皮胡萝卜50克，西柚100克，杏仁粉20克，柠檬汁20毫升

**做法**
1. 洗净去皮的胡萝卜切块。
2. 西柚去皮取果肉，切块，待用。
3. 将胡萝卜块和西柚块倒入榨汁机中。
4. 加入柠檬汁，倒入杏仁粉，注入100毫升凉开水，盖上盖，启动榨汁机，榨约20秒成蔬果汁。
5. 将蔬果汁倒入杯中即可。

**TIPS** | 可将西柚的外膜去掉再榨汁，口感会更清爽。

## *Part*

# 4

# 核果类

核果为肉质果的一种，
包括桃、李、杏、梅、樱桃和枣等。
核果的外果皮薄，中果皮肉厚，
内果皮坚硬木质化，包于种子之外，构成果核。
核果类水果营养丰富。
多吃核果类水果，能促进身体血液循环，降低患癌概率。

核果类

# 桃子

| 盛产期 | 热量 36千卡/100克 |
|---|---|
| 1 | |
| 2 | |
| 3 | |
| 4 | |
| 5 | |
| 6 | |
| 7 | |
| 8 | |
| 9 | |
| 10 | |
| 11 | |
| 12 | |
| (月份) | |

## 放心买

**❶ 大小适中、形状正常**

选择个头大小适中的为佳。果形要端正，长得奇形怪状的可能是因为使用激素或农药过多了。

**❷ 软硬适中**

表面毛茸茸，有刺痛感的是没有被浇过水的，以稍用力按压时硬度适中、不出水的为宜，太软则容易烂。

**❸ 颜色鲜亮**

桃子的颜色要鲜亮，成熟时果皮多为黄白色，顶端和向阳面呈红色。

## 不能买

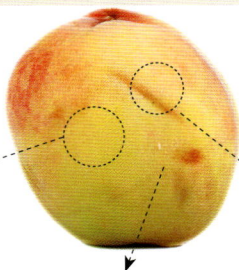

**❶ 果皮呈青色不宜买**

如果果皮呈青色，说明这样的桃子未成熟，不建议购买。

**❷ 太大的桃子不宜买**

挑选桃子的时候不一定越大越好，个头太大的里面的核多半是裂开的，这样的桃子不好吃。

**❸ 表面有伤痕**

如果桃子表面有伤痕，伤痕处易变坏，则不宜购买。

## ● 安全处理

* **食盐清洗法：** 把桃子全部打湿，撒上食盐，用手把它整个揉搓一遍，再用清水冲洗干净。
* **碱水清洗法：** 准备适量清水，加入食用碱搅匀。放入要洗的桃子，浸泡几分钟，取出用清水冲洗干净。
* **毛刷清洗法：** 桃子先不要沾水，用毛刷直接刷表面，尤其是有凹陷的地方，然后用清水冲洗干净就可以了。用毛刷的话，桃毛和脏东西都会轻易去除的。

## ● 正确保存

* **通风保存法：** 桃子若需在常温下保存，要放置于阴凉的通风处。
* **冰箱冷藏法：** 桃子如果要长时间冷藏的话，要先用纸将桃子一个个包好，再放在冰箱中，避免桃子直接接触冷气。适宜的冷藏温度为-0.5-0℃，相对湿度为90%。

## ● 美味菜谱

### 黄桃奶酪沙拉

制作时间：5分钟　功效：美容养颜

| | |
|---|---|
| **原料** | 黄桃、西兰花各50克，奶酪30克，蛋糕20克，菠菜叶少许 |
| **调料** | 油醋汁、胡椒碎、盐各适量 |
| **做法** | 1.黄桃洗净，去皮去核后切瓣。 |
| | 2.西兰花洗净，入煮沸的淡盐水中焯熟，捞出。 |
| | 3.菠菜叶焯水后捞出，摆入盘中。 |
| | 4.蛋糕切成小块，备用。 |
| | 5.将黄桃、西兰花、蛋糕、奶酪放入菠菜叶上，淋上油醋汁，撒上胡椒碎即可。 |

核果类

# 李 子

**盛产期**

| 月份 | |
|---|---|
| 1 | |
| 2 | |
| 3 | |
| 4 | |
| 5 | |
| 6 | |
| **7** | |
| **8** | |
| 9 | |
| 10 | |
| 11 | |
| 12 | |

（月份）

**热量** 53千卡/100克

## 放心买

**❶ 小而圆**

好的李子的形状应该是小而圆，表面光滑。

**❷ 看颜色**

选果皮光亮、颜色均匀的李子。红肉李子应挑选颜色较深的。

**❸ 软硬适中**

用手轻轻摸一摸李子，果肉结实、软硬适中的是比较好的李子。

## 不能买

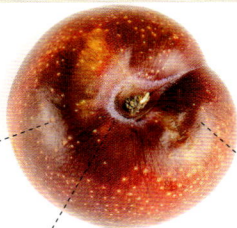

**❶ 形状怪异**

奇形怪状的、表面粗糙的李子不宜购买。

**❷ 农药残留**

留意喷洒农药的李子。表面有粉状残留的李子一般都喷了农药，不宜买。

**❸ 捏起来很软**

捏起来很软的李子，成熟度太高，不利于保存，不宜购买。

## ● 安全处理

✳ **淘米水清洗法：**将完整的李子放入淘米水中浸泡15分钟，然后用清水不停地冲洗干净即可。

✳ **果蔬清洗剂清洗法：**用清水冲洗干净李子，然后再用果蔬清洗剂加水浸泡水果，浸泡的时间不宜过长，一般5分钟就好，然后用清水多次冲洗，直到干净为止。

## ● 正确保存

✳ **通风保存法：**李子可以放置于阴凉通风处的筐子里保存，存放前不要清洗。

✳ **冰箱冷藏法：**李子可以用保鲜袋包装好，置于冰箱中冷藏。

✳ **冰箱冷冻法：**装入保鲜袋里，每袋装1~1.5千克，密封后置于-1℃的温度条件下，可保存两三个月。

## ● 美味菜谱

### 李子冰激凌

制作时间：8小时  功效：促进消化

**原料** 李子150克，淡奶油250克，牛奶150毫升

**调料** 白砂糖50克

**做法** 1.李子洗净切开，去皮、核，将果肉倒入搅拌机中，再倒入牛奶，打成果泥。
2.在淡奶油中加入白糖，打至可以流动的状态，放入果泥中，搅拌均匀。
3.装入保鲜盒中，然后放入冰箱冷冻室冷冻，每隔2小时取出搅拌一次，重复此过程三四次即可。

# 樱桃

| 盛产期 | 热量 |
|---|---|
| 1 | 70千卡/100克 |
| 2 | |
| 3 | |
| 4 | |
| 5 | |
| 6 | |
| 7 | |
| 8 | |
| 9 | |
| 10 | |
| 11 | |
| 12 | |
| （月份） | |

## 放心买

**❶ 表皮光滑、个头大**

要挑外表光滑个头大的，这样的果肉也会很多。

**❷ 果皮呈深红色**

果皮颜色越深的甜度越浓，深红色的果皮就是很甜的樱桃了。

**❸ 厚实有弹性**

可以用手轻捏一下，如果有弹性，很厚实的，那么就是很甜的了，水分也比较充足。

## 不能买

**❶ 颜色接近黑色**

如果果皮颜色接近黑色，就不要购买，这样的很可能熟过头了。

**❷ 表面有硬伤和斑点**

有的樱桃上面有硬伤，有的还会有斑点。有斑点的建议不要买。

**❸ 很轻**

如果樱桃拿起来很轻，就不要买了，估计是存放很久了。

## ● 安全处理

\* **食盐清洗法**：用筛筐装好樱桃，用流动的清水冲洗2分钟，再用淡盐水浸泡10分钟，最后用清水冲洗即可。

\* **淘米水清洗法**：把樱桃浸在淘米水中3分钟，再用流动的自来水冲净淘米水及可能残存的有害物质，用清水（或冷开水）冲洗一遍即可。

\* **碱水清洗法**：在水中放入一些食用碱，稍微搅匀，放入樱桃泡10分钟左右，再轻轻把樱桃揉搓一遍，这样能把大部分脏东西洗掉，再用清水冲洗干净。

## ● 正确保存

樱桃怕热，适合温度在2～5℃，所以最好存放在冰箱里，保持鲜嫩的口感。保存时应该带着果梗保存，否则极易腐烂。樱桃通常保存3～7天，超过一周就易腐烂。建议不要用保鲜袋或塑料盒来装樱桃，因为透气性不好，最好用保鲜盒来盛放。

## ● 美味菜谱

### 樱桃豆腐

制作时间：6分钟　功效：益气补血

**原料**　樱桃130克，豆腐270克

**调料**　盐2克，白糖4克，鸡粉2克，陈醋10毫升，水淀粉6毫升，食用油适量

扫一扫看视频

**做法**　1.洗好的豆腐切成小方块。

2.煎锅上火烧热，淋入食用油，倒入豆腐，煎至两面金黄色，关火后盛出。

3.锅底留油烧热，注入清水，放入樱桃，加入盐、白糖、鸡粉、陈醋拌匀，用大火煮至沸，倒入豆腐，煮至入味，用水淀粉勾芡，关火后盛出即可。

# 杏

**盛产期**

| 1 |
| 2 |
| 3 |
| 4 |
| 5 |
| 6 |
| 7 |
| 8 |
| 9 |
| 10 |
| 11 |
| 12 |

（月份）

**热量** 36千卡/100克

## 放心买 ✓

**❶ 颜色黄中泛红**

果皮颜色为黄中泛红的杏口感较好。

**❷ 个头大**

购杏的时候，要挑选个大的杏，味甜多汁。

**❸ 表皮光滑、色泽亮**

表皮光滑的、色泽漂亮的杏口感较好。

## 不能买 ✗

**❶ 果皮为青色**

果皮颜色青色的杏成熟度不够，果实酸味浓，甜味不足。

**❷ 颜色过深**

杏表皮的颜色过深为过熟果实，肉质酥软，缺乏水分。

**❸ 表皮有暗褐色伤痕**

杏表皮有暗褐色伤痕或斑点，说明杏放置时间较久，不宜购买。

## ● 安全处理

* **食盐清洗法：** 先用清水冲一遍，然后把杏泡在清水中，放少量的食盐浸泡3~5分钟，最后用流水边轻搓揉边冲洗干净即可。

* **淀粉清洗法：** 把少量淀粉放入水中搅匀，将杏放入水中淘洗，捞出用清水冲洗干净，沥干水分即可。

* **果蔬清洗剂清洗法：** 先用清水将杏冲洗一下，然后用果蔬清洗剂加水浸泡5分钟左右，然后再用清水冲洗至少两遍，直到干净为止。

## ● 正确保存

* **通风保存法：** 可以放到干燥通风处，避免堆放，千万不要放到保鲜袋里。

* **冰箱冷藏法：** 将杏放到保鲜袋里，然后放入冰箱冷藏室。

## ● 美味菜谱

### 甜杏冰激凌

制作时间：8小时　功效：增强免疫力

**原料** 杏子230克，淡奶油150克，橙汁、柠檬汁各15毫升

**调料** 白糖85克，糖浆10克

**做法** 1.杏子取果肉；锅中放入纯净水、白糖、糖浆，熬至糖溶化，过滤后晾凉。

2.将杏肉、橙汁、柠檬汁和熬好的糖浆一起放入搅拌机中，搅打均匀，放入打发的淡奶油，拌匀。

3.再放入冰箱冷冻，每隔2小时取出搅拌，重复操作3~4次，取出冰激凌，挖成球，放入碗中即可。

# 杨梅

**盛产期**

| 月份 |
|---|
| 1 |
| 2 |
| 3 |
| 4 |
| 5 |
| 6 |
| 7 |
| 8 |
| 9 |
| 10 |
| 11 |
| 12 |

（月份）

**热 量** 28千卡/100克

## 放心买

**❶ 外表为圆刺**

杨梅以颗粒饱满，果肉外表为圆刺的杨梅比较甜。

**❷ 颜色稍黑**

色泽稍黑的杨梅为佳，味道较甜。

**❸ 汁多味甜**

质量好的杨梅吃到嘴里汁多、鲜嫩甘甜，吃完嘴里没有余渣。

## 不能买

**❶ 颜色过于黑红**

如果颜色过于黑红可能是经过染色的。如果装杨梅的筐子上有红色水印，一定不要购买。

**❷ 有酒味**

存放不当或存放时间较长的杨梅，则可能有一股淡淡的酒味，而且可能有出水现象，不宜购买。

**❸ 外表为尖刺**

杨梅外表为尖刺，还泛着青色的味道较酸。

## ● 安全处理

* **食盐清洗法**：将杨梅清洗干净后，需用盐水浸泡20~30分钟再食用，因盐水有杀菌的作用，也可帮助去除隐藏于杨梅果肉中的寄生虫。
* **淘米水清洗法**：淘米水呈碱性，能够促使酸性农药溶解在水中，用来清洗表皮粗糙不平的水果是最合适的了。杨梅的表面就是粗糙不平的，当然也是可以用淘米水来清洗的。清洗的时候先将完整的杨梅放入淘米水中浸泡15分钟，然后用清水不停地冲洗。
* **淀粉清洗法**：在水里加一勺生面粉，将杨梅放进水里涤荡，就会看见脏物被清出来了，再用清水冲一下就可以了。

## ● 正确保存

* **通风保存法**：将杨梅放置于透风的篮子里，放在阴凉处，可保存一两天。
* **冰箱冷藏法**：为了保证杨梅的品质与风味，延长它的保存期限，可装进保鲜盒内，放在0~0.5℃的冰箱冷藏室中，建议在相对湿度为85%~90%的环境下保存。杨梅千万不能清洗之后贮藏。

## ● 美味菜谱

### 梦幻杨梅汁

制作时间：1分钟　功效：开胃消食

| 原料 | 杨梅100克 |
| --- | --- |
| 调料 | 白糖15克 |

扫一扫看视频

**做法**
1. 洗净的杨梅取果肉切小块。
2. 取备好的榨汁机，倒入杨梅果肉。
3. 加入白糖，注入适量纯净水，盖好盖子。
4. 选择"榨汁"功能，榨取果汁。
5. 断电后倒出杨梅汁，装入杯中即成。

核果类

# 梅子

**盛产期**

| 1 |
| 2 |
| 3 |
| 4 |
| 5 |
| 6 |
| 7 |
| 8 |
| 9 |
| 10 |
| 11 |
| 12 |

（月份）

**热 量**
33千卡/100克

## 放心买 ✓

**❶ 果大核小**

选择果形大、果核小、色绿质脆、果形整齐、果实饱满的梅果品种。

**❷ 果面干燥**

果形肥嫩馅满、果面干燥、无水迹现象。

**❸ 无茸毛**

果面茸毛已落而且有光泽的果实为优质新鲜梅子。

## 不能买 ✗

**❶ 表皮过青**

表皮呈青色的梅子过生，味道酸涩，不建议购买。

**❷ 捏起来很软或很硬**

捏起来很软的梅子成熟度太高，不宜购买；果实过硬者过生，吃起来酸涩，口感不佳。

## ● 安全处理

* **食盐清洗法：** 放在清水中，放入少许盐，轻轻搓洗，然后用清水冲洗干净即可。
* **淘米水清洗法：** 将完整的梅子放入淘米水中浸泡15分钟，然后用清水不断地冲洗干净。
* **淀粉清洗法：** 把梅子放在水里面，然后放入两勺淀粉，不要使劲地去揉它，只需来回倒腾，然后放水里来回地筛洗，淀粉都是有黏性的，它会把那些脏物质吸附下来。

## ● 正确保存

梅子口感好，但是新鲜梅子不易保存，应尽快食用。梅子经过晒干或腌泡成梅子制品，放在冰箱中，保存时间较长。

## ● 美味菜谱

### 萝卜豆腐梅子汤

制作时间：3分钟　功效：清热生津

**原料** 去皮白萝卜60克，豆腐50克，油麦菜40克，柴鱼片6克，梅子肉5克

**调料** 盐3克

**做法**
1. 白萝卜切成块，洗净的豆腐切成小块，洗净的油麦菜拦腰切断。
2. 往备好的榨汁杯中倒入白萝卜、豆腐、油麦菜、梅子肉、柴鱼片。
3. 注入100毫升凉开水，加入盐，榨半分钟，将汁液倒入碗中，盖上保鲜膜。
4. 备好微波炉，放入食材，加热至食材熟透，取出即可。

## 枣

核果类

**热量**
42千卡/100克

**盛产期**

| 1 |
| 2 |
| 3 |
| 4 |
| 5 |
| 6 |
| 7 |
| 8 |
| 9 |
| 10 |
| 11 |
| 12 |

（月份）

### 放心买

**❶ 外形饱满**

优质大枣整体很饱满，裂纹的地方也较少。

**❷ 看颜色**

深红色的大枣一般都很甜，因为日晒很充足。如果现吃的话，建议多挑选深红色的，味道很香醇。

**❸ 无虫洞**

在挑选的时候多看看大枣的两端部分，看有没有虫洞。如果很干净，没有虫洞，那么这样的大枣是不错的。

### 不能买

**❶ 形状怪异**

奇形怪状的、表面粗糙的枣不宜购买。

**❷ 表面干瘪**

表面干瘪不饱满的枣不宜购买。

## ● 安全处理

* **淀粉清洗法：** 准备清水一盆，撒淀粉少许进盆，搅动，倒大枣入盆中，快速搅动，然后捞出大枣用清水冲洗即可。切记，要快速冲洗，不要泡枣。
* **碱水清洗法：** 先将碱面放在自来水里（一般500毫升水中加入碱面5~10克），搅动一下，然后把枣放到碱水里，浸泡5~15分钟，在浸泡的过程中，可以用筷子慢慢将枣子转动起来，通过枣子本身相互碰撞摩擦和水流的冲力，从而使农药污物彻底去掉，然后用清水冲洗3~5遍。

## ● 正确保存

* **通风储存法：** 将鲜枣装进筐子里，放置于阴凉通风处保存。
* **冰箱冷藏法：** 用保鲜袋将鲜枣装起来，放进冰箱冷藏室保存。

## ● 美味菜谱

### 生姜红枣茶

制作时间：6分钟　功效：养颜美容

| 原料 | 生姜35克，红糖40克，红枣丁35克 |
| --- | --- |
| 调料 | 盐3克 |
| 做法 | 1.生姜切成丝。<br>2.锅中注入适量清水，大火烧热，倒入红枣丁、生姜丝。<br>3.煮约5分钟。<br>4.关火，将药茶倒入杯中。<br>5.饮用前放入适量红糖即可。 |

# 橄榄

**盛产期**

1
2
3
4
5
6
7
8
9
**10**
11
12

（月份）

**热量** 49千卡/100克

## 放心买

**❶ 果形端正**

好的橄榄果形端正匀称，表面光滑。

**❷ 看颜色**

选果皮色泽亮丽、颜色均匀的橄榄较好。

**❸ 观察果蒂**

仔细观察果蒂，果蒂较新的橄榄比较新鲜。

## 不能买

**❶ 形状怪异**

奇形怪状的、表面粗糙的橄榄不宜购买。

**❷ 喷洒农药的**

留意喷洒农药的橄榄，农药残留对人体有害。表面有粉状残留的橄榄一般都喷了农药，不宜买。

## ● 安全处理

* **食盐清洁法**：将少许盐放入清水中，搅匀，再将橄榄丢入水中，轻轻地搓洗，最后用清水冲洗干净即可。
* **淘米水清洗法**：将橄榄放入淘米水中，不断地淘洗，然后用清水冲洗。
* **果蔬清洁剂法**：将少量的果蔬清洁剂放入水中，轻轻拌匀，将橄榄放入其中浸泡5分钟左右，然后轻轻地搓洗，最后至少要过两遍清水，以保证洁净。
* **毛刷清洗法**：用软毛刷轻轻地刷洗橄榄表皮，最后过水即可。

## ● 正确保存

* **通风储存法**：鲜食果实通常以室温贮藏为主。将青橄榄抹干身，拿一个保鲜袋，下面铺一层纸巾，将青橄榄装入，上面再铺一层纸巾，放置于阴凉处即可。
* **容器储存法**：将橄榄放在装入少量大米的瓶子、罐子里即可。橄榄怕湿，大米能吸湿。保存时不要洗，等吃的时候再洗。

## ● 美味菜谱

### 橄榄栗子鹌鹑

制作时间：63分钟　功效：增强免疫力

| 原料 | 鹌鹑240克，青橄榄50克，瘦肉55克，板栗60克 |
| --- | --- |
| 调料 | 盐3克，鸡粉3克 |
| 做法 | 1.青橄榄拍破，瘦肉切小块，鹌鹑切小块。<br>2.锅中注水烧开，放入瘦肉，汆去血水，捞出；将鹌鹑倒入沸水锅中，汆去血水，捞出，沥干水分。<br>3.砂锅注水烧开，倒入瘦肉、鹌鹑、青橄榄、板栗，烧开后用小火炖1小时。<br>4.放入盐、鸡粉，拌匀调味即可。 |

扫一扫看视频

# 释迦

**盛产期**

| |
|---|
| 1 |
| 2 |
| 3 |
| 4 |
| 5 |
| 6 |
| 7 |
| 8 |
| 9 |
| 10 |
| 11 |
| 12 |
| （月份） |

**热 量** 59千卡/100克

## 放心买

**❶ 鳞目大**

选购时应挑选果实大、鳞目大、果形圆的释迦。

**❷ 有小裂口**

选择有小裂口、软一些的，这种就是熟了的释迦。

**❸ 硬实富有弹性**

可以先在手里轻捏，好的释迦的手感应该发紧而且有弹性。

## 不能买

**❶ 表皮"钉"密集不宜买**

如果释迦头部比较尖，而且表皮上的"钉"密集程度比较高，说明释迦还不够成熟。

**❷ 表皮出现黑斑**

释迦的表皮如果出现黑斑，说明放置时间已经很长了，不宜购买。

## ● 安全处理

* **食盐清洗法：** 用稀释过的盐水浸泡释迦10分钟左右，然后过水即可。
* **淘米水清洗法：** 释迦虽然只食用果肉，但为了保证果肉的洁净，仍需彻底清洁，可用淘米水浸泡10分钟左右，最后用清水冲洗即可。
* **毛刷清洗法：** 为了保持果肉的洁净，应对释迦做简单的清洗。用硬毛刷或干净的牙刷，在水中刷洗释迦，然后用清水冲洗即可。

## ● 正确保存

* **通风储存法：** 将释迦放置于阴凉、通风处保存，最佳保存温度为20℃。
* **冰箱冷藏法：** 装入保鲜袋中，放入冷藏柜中，保持12℃，可保鲜10~15天。

## ● 美味菜谱

### 释迦木瓜汁

制作时间：2分钟　功效：美容养颜

扫一扫看视频

**原料**　释迦80克，木瓜90克

**做法**
1. 洗净的木瓜去皮，对半切开，改切成薄片。
2. 洗好的释迦去皮，切条，改切成小块，备用。
3. 取榨汁机，选择搅拌刀座组合，倒入切好的释迦、木瓜，注入纯净水。
4. 选择"榨汁"功能，榨取果汁。
5. 断电后，倒出榨好的果汁。
6. 去除浮沫后即可饮用。

# 荔枝

**盛产期**

| 1 |
| 2 |
| 3 |
| 4 |
| 5 |
| 6 |
| 7 |
| 8 |
| 9 |
| 10 |
| 11 |
| 12 |

（月份）

**热量** 70千卡/100克

## 放心买

**❶ 个头大、外形匀称**

荔枝一般是个头越大、外形越匀称的越好。

**❷ 暗红色更新鲜**

真正新鲜的荔枝从外表看，颜色不是很鲜艳，而是暗红色，没有异味。

**❸ 缝合线明显**

如果荔枝龟裂片平坦，缝合线明显，这样的荔枝是甘甜的。

## 不能买

**❶ 表皮"钉"密集不宜买**

如果荔枝头部比较尖，表皮上的"钉"密集程度比较高的话，那就说明荔枝还不够成熟。

**❷ 表皮出现黑斑**

荔枝的表皮如果出现黑斑，说明放置时间已经很长了，不宜购买。

**❸ 有异味**

如果闻起来有酸味或是别的味道，说明已经不是新鲜的荔枝了。

## ● 安全处理

* **食盐清洗法**：用稀释过的盐水浸泡荔枝10分钟左右，然后过水即可。
* **淘米水清洗法**：荔枝虽然要剥壳食用，但为了保证果肉的洁净，仍需彻底清洁，可用淘米水浸泡10分钟左右。淘米水呈碱性，可有效地去除果面残留的酸性农药，然后不断地进行淘洗，最后用清水冲洗即可。
* **毛刷清洗法**：用硬毛刷在清水中不断刷洗，可有效去除病菌。

## ● 正确保存

* **通风保存法**：在常温下，可以用保鲜袋密封后放在阴凉处，一般可以保存6天。若有条件，可将装荔枝的保鲜袋浸入水中。这样，荔枝经过几天后其色、香、味仍保持不变。
* **冰箱冷藏法**：在荔枝上喷点水，装在塑料保鲜袋中，放入冰箱，利用低温高湿（2~4℃，湿度90%~95%）保存。将袋中的空气尽量挤出，可以降低氧气比例，以减慢氧化速度，提高保鲜的效果。

## ● 美味菜谱

### 红枣荔枝桂圆糖水

制作时间：26分钟　功效：美容养颜

**原料**　红枣6克，荔枝干7克，桂圆肉12克

**调料**　冰糖15克

扫一扫看视频

**做法**
1. 砂锅中注入清水烧开，倒入洗净的荔枝干、桂圆肉、红枣。
2. 烧开后用小火煮20分钟至材料熟软，加入冰糖，搅拌均匀。
3. 用小火续煮5分钟至冰糖溶化，搅拌均匀，关火后盛出煮好的糖水即可。

**TIPS** | 可用温水将荔枝干泡发，这样可以节省烹饪时间。

# 龙眼

**盛产期**

| | |
|---|---|
| 1 | |
| 2 | |
| 3 | |
| 4 | |
| 5 | |
| 6 | |
| 7 | |
| 8 | |
| 9 | |
| 10 | |
| 11 | |
| 12 | |

（月份）

**热 量** 83千卡/100克

## 放心买 ✔

**❶ 果皮无斑点**

龙眼要选择果皮无斑点，干净整洁的。

**❷ 颜色为土黄色**

颜色的挑选是非常重要的，一般要选择土黄色的，这种龙眼的日照、水分都是比较充足的。

**❸ 饱满硬实**

正常的龙眼手感很饱满、硬实。

## 不能买 ✘

**❶ 外表有裂纹**

外表有裂纹的龙眼不要买，里面可能已经变异。

**❷ 外表长霉点**

有的龙眼外表长了霉点，吃了这样的龙眼对身体是很有害的，千万不要买。

**❸ 摸软硬**

如果摸起来很软的话，那么是存放时间久了的；如果摸起来是硬邦邦的，估计是变质了的。

## ● 安全处理

* **食盐清洗法：** 龙眼多成串采摘，果皮上会沾有许多灰尘细菌。此外，有些种植者为延长其保质期，可能会用一些化学物品来处理水果，因而龙眼表皮也可能带有硫化物。尤其不能未经清洗，便直接用嘴去啃咬龙眼皮。因此，可先将少许食盐倒入盛有清水的盆中，然后将龙眼放入其中，轻轻淘洗片刻，捞出来用清水冲洗干净，沥干水分即可。

* **淀粉清洗法：** 进食前可以将龙眼放入稀释过的淀粉水中浸泡，慢慢搓洗，然后在流动水下彻底清洗干净即可。

## ● 正确保存

* **通风保存法：** 如果没有冷藏条件，可放置于阴凉通风处，在两三天内吃完。如果发现龙眼颜色变深，且果肉呈深褐色，就说明保存时间过长，已不能食用。
* **冰箱冷藏法：** 龙眼买回后如不能马上吃完，可洗净晾干装入保鲜袋，放进冰箱冷藏。要与生肉等分开放置，以防变味。

## ● 美味菜谱

### 桂圆山药汤

制作时间：55分钟　功效：增强免疫力

**原料**　桂圆（龙眼干制品）35克，红枣20克，山药100克，冰糖20克

**做法**　1.戴上一次性手套，把洗净的山药切厚片、切粗条，改切小块。

2.砂锅中注水烧开，倒入桂圆、红枣，拌匀，煮开后转小火续煮30分钟至熟。

3.倒入切好的山药，拌匀，续煮20分钟至食材有效成分析出。

4.加入冰糖，搅拌至溶化，关火后盛出煮好的汤，装碗即可。

**TIPS |** 山药切好后若不立即使用，可放入加了白醋的清水中浸泡，这样可以防止氧化变色。

# 牛油果

**盛产期**

| | |
|---|---|
| 1 | |
| 2 | |
| 3 | |
| 4 | |
| 5 | |
| 6 | |
| 7 | |
| 8 | |
| 9 | |
| 10 | |
| 11 | |
| 12 | |

（月份）

**热量** 58千卡/100克

## 放心买

**① 表面光滑**

要选择表面光亮且平滑的牛油果。

**② 表皮颜色较深**

表皮颜色较深的牛油果，说明很成熟，味道更好。

**③ 果肉结实**

用手掌按捏表面，感觉有弹性、果肉结实，则证明已经成熟了。

## 不能买

**① 表面凹凸明显**

如果表面凹凸明显，证明里面已经有部分果肉变干了，影响口感。

**② 被棕色斑点覆盖**

如果果皮基本被深深浅浅的棕色斑点覆盖，建议就不要买了，说明有可能熟过头而变质。

**③ 有异味**

如果闻起来已经有异味溢出，有可能里面已经变质了。

## ● 安全处理

* **食盐清洗法：** 将盐撒在牛油果的表面，用手搓洗，再冲洗即可。
* **毛刷清洗法：** 在流水下用毛刷轻轻刷洗表面，再用清水冲洗。

## ● 正确保存

* **通风保存法：** 可以将牛油果放在篮子里，置于通风阴凉处，可以放置很长时间。
* **冰箱冷藏法：** 牛油果装进保鲜袋里，放在冰箱的冷藏室，可保存1周左右。如果一次只用半个，请务必将有核的那半个保留，不要去核，洒上柠檬汁，再用保鲜膜包好，放入冰箱即可。

## ● 美味菜谱

### 牛油果元气早餐

制作时间：15分钟　功效：增强免疫力

**原料**　牛油果170克，吐司145克，香蕉100克，生菜20克，圣女果40克，腰果25克

**调料**　芝麻、黑胡椒碎各适量

**做法**　1.牛油果切片；香蕉去皮切小块。
2.用捣碎器将牛油果、香蕉捣成果泥。
3.将果泥倒入盘中；吐司对半切成三角形，放入烤箱中烤至金黄色，取出吐司，抹上果泥，放在铺好的生菜上，撒上黑胡椒碎，放入腰果、黑芝麻，再放入圣女果即可。

核果类

# 红毛丹

**盛产期**

| 1 |
| 2 |
| 3 |
| 4 |
| 5 |
| 6 |
| 7 |
| 8 |
| 9 |
| 10 |
| 11 |
| 12 |

（月份）

**热量** 40千卡/100克

## 放心买 ✓

**❶ 鲜红色更新鲜**

皮色鲜红，外表新鲜的果实，品质口感自然鲜美。

**❷ 柔毛红中带绿**

表面柔毛红中带绿的果实品质最佳。

**❸ 软刺坚挺**

握在手里的红毛丹，应该是硬实而富有弹性的。

## 不能买 ✗

**❶ 表皮有黑斑**

果体外表有黑斑的红毛丹说明放置时间已经长了，不宜购买。

**❷ 果粒小且干瘪**

红毛丹果粒小且干瘪，皮厚肉少的红毛丹不宜购买。

## ● 安全处理

✳ **食盐清洗法：**将盐放在清水中搅拌，将红毛丹放置于其中，轻轻淘洗片刻，捞出来过水沥干即可。

✳ **淘米水清洗法：**因红毛丹果实长满软刺，最易藏污纳垢，故一定要仔细清洗干净，可将红毛丹放置于淘米水中浸泡15分钟，然后用清水不断冲洗，并用纸巾拭干或晾干，再行剥皮取食，才不会污染到果肉。

## ● 正确保存

红毛丹要即买即食，不宜久藏，在常温下经3天即变色生斑。若量多过剩时，可密封于保鲜袋中，放冰箱冷藏，可保鲜10天左右。

## ● 美味菜谱

### 红毛丹青柠冰

制作时间：3分钟　功效：美容养颜

**原料**　红毛丹100克，青柠檬50克，冰块适量

**调料**　蜂蜜少许

**做法**　1.将洗净的红毛丹去皮，去核。

2.洗好的青柠檬切开，再切薄片。

3.取备好的榨汁机，倒入部分红毛丹肉，注入适量纯净水，榨约30秒，榨出果汁，断电后倒出果汁，装入杯中。

4.加入蜂蜜，搅拌均匀，放入余下的红毛丹肉。

5.撒上备好的冰块，放上柠檬片即成。

# Part

# 5

# 仁果类

仁果类水果包括有苹果、梨、山楂、枇杷等，
可食部分为果皮、果肉。
它们热量低，含有丰富的营养元素，
是普通百姓家庭最为常见的水果，
甜脆多汁，味道可口，
多食可以促进身体的健康。

## 苹果

**盛产期**

**热量** 52千卡/100克

| 1 |
| 2 |
| 3 |
| 4 |
| 5 |
| 6 |
| 7 |
| 8 |
| 9 |
| 10 |
| 11 |
| 12 |

（月份）

## 放心买 ✓

**❶ 有竖条纹或麻点**

表皮带有竖条纹或有麻点的苹果香甜爽口，水分更加充足。

**❷ 容易按压**

轻轻按压苹果表面，如果感觉可以很容易按压下去的，苹果会比较甜，反之则比较酸、不是很成熟。

**❸ 果梗颜色鲜绿**

一般新鲜的苹果，其果梗颜色比较鲜绿。

## 不能买 ✗

**❶ 果梗发黑发黄的苹果不宜买**

果梗已经枯萎、发黑发黄的苹果，则表明苹果已经放置一段时间了，不是很新鲜。

**❷ 打蜡苹果不宜买**

挑选苹果时，可用手或餐巾纸擦拭苹果表面，如能擦下一层淡淡的红色，就很有可能打了工业蜡，不宜购买。

## ● 安全处理

* **食盐清洗法：** 将苹果放在流水下冲洗一下，放在容器里，加入适量盐，用手揉搓苹果，把盐搓均匀，将苹果冲洗干净，沥干水分即可。
* **牙膏清洗法：** 将牙膏挤在苹果表面，用手揉搓苹果，把牙膏搓匀，将苹果放在流水下冲洗，沥干水分即可。

## ● 正确保存

* **通风保存法：** 将苹果用筐子装起来，放在阴凉通风处，可以保持7～10天。
* **冰箱冷藏法：** 把苹果装在保鲜袋里放入冰箱冷藏室，能够保存较长的时间。
* **容器保存法：** 准备一个轻便、洁净、无味、无病虫的木箱或纸箱，把经过挑选的苹果，用纸包裹整齐码放在箱内。为防止果箱磨破苹果，应在箱底及四周垫些纸或泡沫。包苹果的纸要用柔且薄的白纸，纸的大小以能包住苹果为宜。码放的苹果要梗、萼相对，以免相互刺伤。苹果与苹果之间可放一些碎布，避免苹果在箱内滚动。最后将包装好的箱子放置于温度较低的地方，0～1℃最佳。

## ● 美味菜谱

### 拔丝苹果

制作时间：9分钟　功效：益智健脑

扫一扫看视频

**原料** 去皮苹果2个，高筋面粉90克，泡打粉60克，熟白芝麻20克

**调料** 白糖40克，食用油适量

**做法**
1.苹果切块；取一碗，倒入部分高筋面粉、泡打粉、清水，拌匀成面糊。
2.取一盘，放入苹果块，撒上剩余的高筋面粉拌匀。将苹果块放入面糊中拌匀。
3.用油起锅，放入苹果块，油炸后捞出。锅底留油，加入白糖，倒入苹果块炒匀，盛出，撒上熟白芝麻即可。

# 梨

盛产期

热量 44千卡/100克

| 1 |
| 2 |
| 3 |
| 4 |
| 5 |
| 6 |
| 7 |
| 8 |
| 9 |
| 10 |
| 11 |
| 12 |

（月份）

## 放心买

**❶ 表皮色泽均匀**

选择外皮较薄、色泽均匀、颜色鲜艳、没有霉点或黑斑的。

**❷ 梨脐处的凹坑深**

雌梨梨脐处的凹坑很深，而且带有锈斑，这样的梨肉嫩、甜脆、水多。

**❸ 没有明显伤痕**

选购时，注意果实有没有明显伤痕或划痕、发霉或液体渗出。

## 不能买

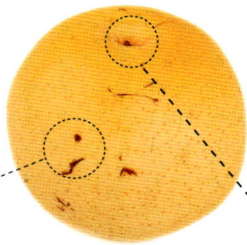

**❶ 表面带伤**

梨子的表面有冻伤、虫眼或机械伤则不宜购买。

**❷ 梨脐处的凹坑很浅**

一般雄梨梨脐处的凹坑很浅，肉质较粗硬，水分较少，不宜买。

## ● 安全处理

✳ **食盐清洗法：** 可将梨先放在盐水中浸泡，再用清水冲洗干净食用。

✳ **牙膏清洗法：** 将牙膏涂抹在梨子表面，然后向盆中倒入适量的热水，放入梨子搓洗干净，再用清水冲洗一遍即可。

## ● 正确保存

✳ **通风保存法：** 梨可以散放在筐子里，摆放在阴凉通风的角落保存。

✳ **冰箱冷藏法：** 可装在纸袋中，放入冰箱保存2～3天。放入冰箱之前不要清洗，否则容易腐烂。另外，不要和苹果、香蕉、木瓜、桃子等水果混放，否则容易产生乙烯，加快氧化变质。

✳ **容器保存法：** 取无破损的梨，放进装1%淡盐水溶液的陶瓷缸、坛内，不要装得太满，以便留出梨果自我呼吸的空间和余地，然后用塑料薄膜密封，置于阴凉处，可存1个月，且口感更佳。

## ● 美味菜谱

### 芝麻菜鲜梨沙拉

制作时间：2分钟　功效：生津润燥

**原料**　梨120克，芝麻菜30克

**调料**　醋、橄榄油、沙拉酱各适量

**做法**　1.梨放在水盆中洗净，切小块。
2.芝麻菜洗净，切段。
3.梨、芝麻菜装入碗中，加醋、橄榄油拌匀。
4.食用时，依据个人口味适量添加沙拉酱即可。

## 山竹

仁果类

**盛产期**

**热量**

69千卡/100克

| 1 |
| 2 |
| 3 |
| 4 |
| 5 |
| 6 |
| 7 |
| 8 |
| 9 |
| 10 |
| 11 |
| 12 |

（月份）

## 放心买 ✓

**❶ 果蒂为绿色**

查看果蒂，果蒂颜色越绿说明山竹越新鲜。

**❷ 色泽鲜艳**

色泽鲜艳、有光泽的山竹是新鲜的。

**❸ 果壳有弹性**

用手轻轻捏一下山竹的果壳，可以捏得动、有弹性的则说明是新鲜的。

## 不能买 ✗

**❶ 蒂叶颜色暗沉**

如果果蒂颜色变褐色或者变黑，说明这个山竹放置时间太长，有可能腐烂变质了。

**❷ 重量太轻**

重量太轻的山竹，则可能是被风干了，已经不新鲜了。

**❸ 果壳太硬**

用手轻轻捏一下山竹的果壳，如果太硬，捏不动，则是太老或风干了，这个山竹就不新鲜了。

## ● 安全处理

**✳ 剥壳：** 首先摘去山竹上的叶子，有些山竹叶子摘掉后，顶部会露出果肉，用菜刀沿着其中两瓣果肉的缝隙切下去，把果皮切开就容易剥了；若是没有露出果肉，则拿刀在一侧轻轻切下去，注意不要切到果肉，然后从切开的口子，掰开果皮。在掏出果肉的时候要小心，不要沾到皮上紫色的水，否则口感会涩涩的。对付很熟的山竹可以用手挤压，纵向按住两头的结节，外壳就会裂开。

## ● 正确保存

山竹外壳看似坚硬，其实非常容易风干，所以最好低温密封保存。保存时要装入保鲜袋中冷藏，即使如此，通常情况下正确保存过程中味道还是会每况愈下，10天后就基本不能吃了。

## ● 美味菜谱

### 胡萝卜山竹柠檬汁

制作时间：1分钟　功效：增强免疫力

**原料** 山竹200克，去皮胡萝卜160克，柠檬50克

扫一扫看视频

**做法** 1.柠檬切成瓣儿，去皮；去皮的胡萝卜切成块；山竹去柄，切开去皮，取出果肉，待用。
2.备好榨汁机，倒入山竹、胡萝卜块、柠檬，倒入适量的凉开水，榨取蔬果汁。
3.打开盖，将榨好的蔬果汁倒入杯中即可。

**TIPS** ｜ 在饮用前可撇去饮品面上的浮沫，口感会更好。

## 枇杷

仁果类

**盛产期**
| 1 |
| 2 |
| 3 |
| 4 |
| 5 |
| 6 |
| 7 |
| 8 |
| 9 |
| 10 |
| 11 |
| 12 |

（月份）

**热 量** 39千卡/100克

## 放心买

**❶ 茸毛完整**

枇杷表面一般都会有一层茸毛和浅浅的果粉，茸毛完整、果粉保存完好的，就说明它在运输过程中没受什么损伤，比较新鲜。

**❷ 大小适中**

中等大小的枇杷，口感会更好一些。

**❸ 颜色较深**

颜色越深，说明其成熟度越好，口感也更甜。

## 不能买

**❶ 果实太大或太小**

太大的枇杷可能用了膨大剂；太小的说明同一棵树上果实结得比较多，营养会差一些。

**❷ 不成熟的**

淡黄、发青、果肉硬、果皮不容易剥开的，都是不成熟或非正常成熟的枇杷。

## ● 安全处理

* **食盐清洗法：** 在清水中加少许盐，然后将枇杷放入盐水中，轻轻地搓洗，然后用清水将枇杷的表皮冲洗干净即可。
* **淘米水清洗法：** 将完整的枇杷放入淘米水中浸泡15分钟，然后用清水不断地冲洗，沥干水分即可。
* **如何吃：** 将洗净的枇杷切去带把的那头，成熟的枇杷去皮很容易，直接撕下就行了，将去皮后的枇杷用两根指夹着向上拔，则整个尾部就摘下来了。因为尾部也有茸毛和一些脏物，所以必须去除。

## ● 正确保存

枇杷不宜放冰箱，枇杷如果放在冰箱内，会因水汽过多而变黑，存在干燥通风的地方即可。如果把它浸于冷水、糖水或盐水中，可防变色。

## ● 美味菜谱

### 川贝枇杷汤

制作时间：23分钟　功效：养心润肺

**原料**　枇杷40克，雪梨20克，川贝10克

**调料**　白糖适量

**做法**　1.去皮的雪梨切成小块；枇杷去蒂，切开，去核，再切成小块。
2.锅中注入清水烧开，将枇杷、雪梨和川贝倒入锅中，搅拌片刻，用小火煮20分钟至食材熟透，倒入白糖，搅拌均匀。
3.将煮好的糖水盛出，装入碗中即可。

扫一扫看视频

**TIPS** | 枇杷皮有点涩口，也可以将它去除后再烹制。

仁果类

# 山楂

| 盛产期 | 热量 |
|---|---|
| 1 | 98千卡/100克 |
| 2 | |
| 3 | |
| 4 | |
| 5 | |
| 6 | |
| 7 | |
| 8 | |
| 9 | |
| 10 | |
| 11 | |
| 12 | |
| （月份） | |

## 放心买

**❶ 果点小而光滑**

山楂表皮上多有点，果点小而光滑的山楂较甜。

**❷ 越圆越甜**

近似正圆的山楂吃起来比较甜。

**❸ 果皮较亮红**

山楂果皮颜色较亮红的是比较新鲜的，建议购买。

## 不能买

**❶ 果点密而粗糙**

表皮上果点密而粗糙的山楂较酸，不宜买。

**❷ 有虫眼或裂口**

山楂果皮上有虫眼或裂口，则不宜购买。

**❸ 摸起来很软**

山楂本身算稍硬的，挑选的时候如果摸到很软的，那么不建议购买。

## ● 安全处理

* **食盐清洗法：** 用盐水浸泡10分钟左右，再进行搓洗，最后过一遍清水即可。
* **淀粉清洗法：** 山楂放在冷水盆里，加入1茶匙淀粉，浸泡10分钟，再不断地进行搓洗，最后用清水漂清即可。
* **毛刷清洗法：** 用一把干净牙刷把每个山楂表面的浮尘刷干净，再用清水清洗，沥干水分。

## ● 正确保存

* **通风保存法：** 可以存放于通风阴凉处，防止阳光暴晒，短期保存。
* **冰箱冷藏法：** 放在冰箱里冷藏起来可以保持较长一段时间。山楂洗干净，用保鲜袋密封起来，把里面的空气全都挤出去，然后放到冰箱的冷藏室里。

## ● 美味菜谱

### 木耳山楂排骨粥

制作时间：32分钟　功效：降低血脂

**原料** 水发木耳40克，排骨300克，山楂90克，水发大米150克，水发黄花菜80克，葱花少许

**调料** 料酒8毫升，盐、鸡粉各2克，胡椒粉少许

**做法**
1. 木耳切小块；山楂切小块。
2. 砂锅中注入清水烧开，倒入大米，加入洗净的排骨，淋入料酒，煮至沸腾，倒入木耳、山楂、黄花菜，拌匀。
3. 用小火煮30分钟，放入盐、鸡粉、胡椒粉拌匀，装入碗中，撒上葱花即可。

# *Part*

# 6

## 瓜类

瓜类水果是西瓜、香瓜、哈密瓜、木瓜等的总称，
时令及地域性强，但不易贮藏。
它们香甜可口，美味多汁，
尤其在夏季高温季节，食之凉爽解渴。
瓜类水果含糖量高，营养丰富，
是深受大众欢迎的水果。

# 西瓜

**盛产期** | **热量**

105千卡/100克

1
2
3
4
5
6
7
**8**
9
10
11
12

（月份）

## 放心买

**❶ 蒂部粗壮青绿**

无论何种瓜，藤柄向下贴近瓜皮，近蒂部粗壮青绿，是成熟的标志。

**❷ 看表皮**

花皮瓜类，要纹路清楚，深淡分明；黑皮瓜类，要皮色乌黑，带有光泽。

**❸ 瓜脐较小**

瓜脐较小的瓜，皮薄，味道口感相对较佳。

## 不能买

**❶ 纹路不清晰**

表皮纹路不清晰、光泽暗淡一般是不熟的瓜，不宜选购。

**❷ 瓜柄枯萎**

瓜柄黑褐色、茸毛脱落、卷须尖端变黄枯萎的，是不熟就摘的瓜。

**❸ 瓜脐较大**

瓜脐较大的瓜，皮很厚，口感相对不佳。

## ● 安全处理

✳ **清洗：** 西瓜是要去皮食用的，用清水洗净瓜皮即可。将西瓜放入水池，一边放水冲洗，一边用刷子轻刷瓜皮，仔细清洗果蒂和果脐，最后用清水将西瓜冲洗干净，沥干水分即可。

## ● 正确保存

✳ **通风保存法：** 将整个西瓜放置于通风阴凉处保存，常温下贮藏期可达10～15天。

✳ **冰箱冷藏法：** 切开的西瓜可以放进冰箱里保存，用保鲜膜包好切面，放入冰箱冷藏室里，可以保存两三天。

## ● 美味菜谱

### 西瓜翠衣炒鸡蛋

制作时间：3分钟　功效：降低血压

| | |
|---|---|
| **原料** | 西瓜皮200克，芹菜70克，西红柿120克，鸡蛋2个，蒜末、葱段各少许 |
| **调料** | 盐3克，鸡粉3克，食用油适量 |
| **做法** | 1.芹菜切成段；西瓜皮切成条；西红柿切成瓣；鸡蛋打入碗中，放入盐、鸡粉，打散、调匀；用油起锅，倒入蛋液，炒至熟，盛出。<br>2.锅中注油烧热，倒入蒜末、芹菜、西红柿、西瓜皮，倒入鸡蛋，略炒片刻。<br>3.放盐、鸡粉炒匀，盛出，撒上葱段即可。 |

# 香瓜

**盛产期**

| 1 |
| 2 |
| 3 |
| 4 |
| 5 |
| 6 |
| 7 |
| 8 |
| 9 |
| 10 |
| 11 |
| 12 |

（月份）

**热量** 26千卡/100克

## 放心买

**❶ 表皮光滑无伤痕**

应当挑选绿色的并且无刮痕印记的香瓜，还可以通过看尾部来判断新鲜程度，一般绿油油的就是新摘的了。

**❷ 有分量的香瓜**

建议挑选有些分量的香瓜，但不是选择像石头那样沉就可以了。

**❸ 脐印又圆又大**

香瓜瓜顶有又圆又大的脐印，则说明是好瓜。

## 不能买

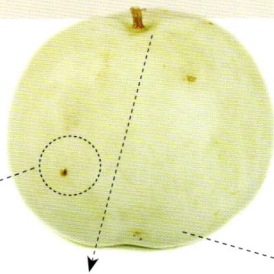

**❶ 表面有伤**

香瓜表面有伤的、变黄的，不要选择。

**❷ 尾部变黄**

香瓜尾部变黄、变黑表明采摘已久，不建议购买。

**❸ 脐印很小**

香瓜瓜顶的脐印要是很小，就说明瓜还没长开，再大的瓜也不甜。

## ● 安全处理

* **苏打水清洗法：** 准备适量的碱水，一般500毫升水中加入小苏打5～10克。将香瓜表面污物冲洗干净，浸泡在碱水中5～15分钟，然后用清水冲洗3～5遍。
* **果蔬清洗剂清洗法：** 一般先用水冲洗表面污物，然后用加了果蔬清洗剂的清水浸泡，浸泡时间不少于10分钟，浸泡后要用流水冲洗干净。

## ● 正确保存

香瓜是一种很美味的水果，但是因为夏季炎热，放在室内很容易腐败，所以，放进冰箱保存是完全可以的。当然保存的时间也不要太长，根据购买时的生熟度，一般不超过5天为好。

## ● 美味菜谱

### 香瓜冰激凌

制作时间：5小时　功效：利尿除烦

| | |
|---|---|
| 原料 | 牛奶300毫升，淡奶油300克，蛋黄2个，香瓜泥400克，玉米淀粉10克 |
| 调料 | 白糖150克 |
| 做法 | 1.锅中倒入玉米淀粉、牛奶，开小火煮至80℃关火，倒入白糖，拌匀成奶浆。<br>2.玻璃碗中倒入蛋黄，用搅拌器打成蛋液，加入奶浆、淡奶油，拌匀成浆汁。<br>3.倒入香瓜泥，拌匀，制成冰激凌浆。<br>4.将冰激凌浆倒入保鲜盒，封上保鲜膜，放入冰箱冷冻5小时至定形，用挖球器将冰激凌挖成球状，装碟即可。 |

# 哈密瓜

| 盛产期 | 热量 |
|---|---|
| 1 | 34千卡/100克 |
| 2 | |
| 3 | |
| 4 | |
| 5 | |
| 6 | |
| 7 | |
| 8 | |
| 9 | |
| 10 | |
| 11 | |
| 12 | |
| （月份） | |

## 放心买

**❶ 瓜皮上疤痕越老越甜**

哈密瓜的瓜皮如果有疤痕，一般是疤痕越老越甜，最好是疤痕已经裂开，虽然看上去比较难看，但事实上这种哈密瓜的甜度高，口感也好。

**❷ 稍沉一些**

在挑选的时候可以掂量一下，稍沉一些的哈密瓜一般都会很甜。

**❸ 形状偏圆**

常见的哈密瓜有形状长长的，还有很圆的，圆的哈密瓜比较甘甜。

## 不能买

**❶ 没有香味**

没有香味或香味淡的哈密瓜则成熟度较差，不够甜。

**❷ 纹路不清晰**

表皮纹路不清晰的哈密瓜不甜，口感也不好，不宜购买。

**❸ 根部干枯、长霉**

要尽量选根部是青色的，而不要选择根部干枯、长霉的哈密瓜。

## ● 安全处理

✳ **清洗：** 哈密瓜虽然去皮吃，但为了果肉的洁净，适宜做简单的清洗再吃。用流水将哈密瓜冲洗一遍，边冲边搓洗，最后沥干水分即可。

## ● 正确保存

✳ **通风保存法：** 可以将哈密瓜直接放置于阴凉通风的室内保存。

✳ **冰箱冷藏法：** 包上保鲜膜，然后放在冰箱冷藏。不要跟梨放在一起，也不要跟有催熟剂的食品放在一起。

## ● 美味菜谱

### 哈密瓜桑葚沙拉

制作时间：3分钟　功效：开胃消食

**原料** 哈密瓜200克，桑葚50克，蓝莓20克，樱桃10克，薄荷叶5克

**调料** 蜂蜜、香草粉各适量

**做法** 1.哈密瓜洗净，对剖开，取一半掏空果肉，挖成小球。

2.桑葚、蓝莓和樱桃洗净，装入掏空的哈密瓜里，再放入挖成小球的哈密瓜。

3.取一小碟，加入蜂蜜、香草粉，拌匀，调成酱汁。

4.将酱汁淋在水果上，饰以薄荷叶即可。

# 木瓜

| 盛产期 | 热量 |
|---|---|
| 1 | 43千卡/100克 |
| 2 | |
| 3 | |
| 4 | |
| 5 | |
| 6 | |
| 7 | |
| 8 | |
| 9 | |
| 10 | |
| 11 | |
| 12 | |
| （月份） | |

## 放心买

**❶ 雌木瓜**

木瓜有着雌雄之分。瓜身较大较圆，外形像沙田柚，瓜内籽较多，瓜肉厚，汁水多而清甜，是雌木瓜。

**❷ 表皮上有胶质**

表皮上有黏黏的胶质——糖胶，这样的木瓜通常会比较甜。

**❸ 软硬适中**

稍用力就能按动瓜肉，但是不塌陷，就是好的木瓜。

## 不能买

**❶ 雄木瓜**

挑木瓜，小而瘦的一般来说肉也比较薄，不太好吃。木瓜有着雌雄之分，瓜身较狭长，形状有些像节瓜，瓜内籽较少，瓜肉薄，汁稍少的，是雄木瓜。

**❷ 表面完全是青绿色**

木瓜表面是青绿色的尚未成熟，口味不是很甜。

## ● 安全处理

※ **清洗：** 木瓜虽然是去皮吃，但为了果肉的洁净，适宜做简单的清洗，将木瓜一边用清水冲洗，一边用刷子刷洗外皮，沥干水分即可。

## ● 正确保存

※ **通风保存法：** 如果只是临时短期贮藏，可以采用常温贮藏。只要求通风良好、清洁卫生即可。但应注意的是，木瓜在夏天由于温度高，不易存放，冬天存放时间相对长一些。

※ **冰箱冷藏法：** 如果需较长时间贮藏，则应低温贮藏。将经热水浸泡处理后的木瓜，尽快放到冰箱中贮存。在此温度下，木瓜一般可以贮存两三周的时间。

## ● 美味菜谱

### 木瓜银耳汤

制作时间：43分钟　功效：美容养颜

| 原料 | 木瓜200克，水发莲子65克，水发银耳95克，冰糖40克 |

扫一扫看视频

**做法**
1. 洗净的木瓜切块。
2. 砂锅注水烧开，倒入木瓜、银耳。
3. 加入洗净泡好的莲子，搅匀，用大火煮开后转小火续煮30分钟至食材变软。
4. 放入冰糖，搅拌均匀，续煮10分钟至食材熟软入味，盛出即可。

---

**TIPS** ｜ 银耳需事先把黄色根部去除，以免影响口感。

除了浆果、柑橘、核果、仁果、瓜类水果外，
较为常见的水果还有菠萝、榴莲、椰子、甘蔗、百香果等，
它们也是我们日常生活中常常食用的水果。
这些水果含有丰富的糖、蛋白质、脂肪、维生素、矿物质等营养成分，
食用后对我们的身体有良好的保健功效。

# 菠萝

| 盛产期 | 热量 41千卡/100克 |
|---|---|
| 1 | |
| 2 | |
| 3 | |
| 4 | |
| 5 | |
| 6 | |
| 7 | |
| 8 | |
| 9 | |
| 10 | |
| 11 | |
| 12 | |
| (月份) | |

## 放心买

**① 表皮颜色金黄**

新鲜、品质好的菠萝为金黄色。

**② "矮胖子"菠萝**

要想挑好吃、味甜的菠萝首先要找那些矮并且体粗的菠萝，因为这些"矮胖子"果肉结实并且肉多，比瘦长的好吃。

**③ 菠萝鳞甲有弹性**

轻轻按压菠萝鳞甲，微软有弹性的就是成熟度较好的

## 不能买

**① 果肉薄而果芯粗大不宜买**

将菠萝切开以后，如果果肉薄而果芯粗大为劣质菠萝。

**② 香味过浓**

如果还没切开就浓香扑鼻，那说明菠萝熟过头了，不宜买。

**③ 外皮色泽铁青**

生菠萝的外皮色泽铁青或略带褐色。

## ● 安全处理

✳ **清洗**：菠萝虽然是去皮吃，但为了保证果肉的洁净，建议清洗后再食用。吃菠萝时，应先把菠萝去皮后切成片，然后再放在淡盐水里浸泡30分钟，然后再用凉开水浸洗，等去掉咸味后再食用。这样可以除去菠萝酶对我们口腔黏膜和嘴唇表皮的刺激。

## ● 正确保存

✳ **通风保存法**：完整的菠萝在6～10℃下保存，不仅果皮会变色，果肉也会成水浸状，因此不要放进冰箱储藏，要在避光、阴凉、通风的地方保存。

✳ **冰箱冷藏法**：如果一定要放入冰箱，应置于温度较高的水果槽中，保存的时间最好不要超过两天。从冰箱取出后，在正常的温度下会加速变质，所以要尽早食用。切开的菠萝可以用保鲜膜包好，放在冰箱里，但最好不要超过两天。

✳ **盐水保存法**：放在一个比菠萝大的器皿里，加水，水里加2小勺盐，水应没过菠萝，可以保存24小时。

## ● 美味菜谱

### 芦荟菠萝汁

制作时间：1分钟　功效：清热解毒

**原料**　菠萝肉120克，芦荟80克，蜂蜜20克

扫一扫看视频

**做法**
1. 备好的菠萝肉切成块。
2. 洗净的芦荟去皮，将肉取出，待用。
3. 备好榨汁机，倒入菠萝块、芦荟。
4. 倒入适量的凉开水，调转旋钮至1档，榨取芦荟菠萝汁，倒入杯中，淋上蜂蜜即可。

**TIPS** ┃ 切菠萝肉前可将菠萝肉放入盐水中浸泡片刻，口感会更好。

# 杧果

| 盛产期 | 热量 32千卡/100克 |
|---|---|
| 1 | |
| 2 | |
| 3 | |
| 4 | |
| 5 | |
| 6 | |
| 7 | |
| 8 | |
| 9 | |
| 10 | |
| 11 | |
| 12 | |
| （月份） | |

## 放心买 ✓

**❶ 形状较丰满**

杧果的果柄一侧相对较高、较丰满，看起来有点上扬的杧果，相对熟一点。

**❷ 有金黄色光泽**

表皮有金黄色光泽，略带红色的杧果成熟度适中，口感香甜。

**❸ 坚实有弹性**

轻轻地用手指捏近蒂头处，富有弹性的杧果为佳，自然成熟的杧果有硬度、有弹性，催熟的杧果整体较软。

## 不能买 ✗

**❶ 表皮有黑点或干瘪**

观察杧果表皮和两头，若有黑点，表皮起皱、干瘪的，不宜选购。

**❷ 表皮颜色呈绿色**

表皮呈淡黄色或绿色的杧果未熟，表皮已皱缩则表明放置时间长，已经不新鲜。

**❸ 蒂头过硬或过软**

轻轻地用手指捏近蒂头处，过硬或过软的杧果都不应选择。

## ● 安全处理

* **食盐清洗法：** 将杧果放在盆里，加入适量的食盐，加入清水，搅拌均匀，浸泡5分钟左右，用清水将杧果冲洗干净，沥干水分即可。
* **淘米水清洗法：** 将杧果放进淘米水中，浸泡5分钟左右，用手搅动清洗杧果，用清水将杧果冲洗干净，沥干水分即可。

## ● 正确保存

最好放在避光、阴凉的地方贮藏；如果一定要放入冰箱，应放入保鲜袋内，置于温度较高的蔬果槽中，保存的时间最好不要超过两天。热带水果从冰箱取出后，在正常温度下会加速变质，所以要尽早食用。

## ● 美味菜谱

### 杧果布丁

制作时间：25分钟　功效：增强免疫力

**原料**　牛奶300毫升，杧果布丁预拌粉100克，杧果200克

**做法**　1.将杧果切成丁，留下少许做装饰，剩余均剁成泥。

2.将水和牛奶倒入盆中，煮至沸腾，再倒入预拌粉，加入杧果泥，搅拌均匀。

3.用吸油纸吸附布丁液上的泡沫。

4.将布丁液倒入量杯中，再装入布丁容器，放入冰箱冷冻15分钟。

5.冷冻过后把布丁从冰箱取出，点缀上鲜杧果即可食用。

# 榴莲

**盛产期**

| 1 |
| 2 |
| 3 |
| 4 |
| 5 |
| 6 |
| 7 |
| 8 |
| 9 |
| 10 |
| 11 |
| 12 |

（月份）

**热　量** 147千卡/100克

## 放心买

**❶ 个头大**

榴莲个头大的水分足，会比较甜。

**❷ 丘陵状凸起**

挑外表像狼牙棒的，有一股股丘陵状凸起来的，凸起越多肉越多。

**❸ 颜色偏黄**

选择颜色偏黄的、暗黄的甚至偏褐色的榴莲，虽然不好看，但是却很甜。

## 不能买

**❶ 颜色偏绿**

不要选择颜色偏绿的榴莲，这样的榴莲是不成熟的。

**❷ 有酒味**

如果榴莲嗅起来有酒的味道，那就是熟过头了，这种榴莲不好吃。

## ● 安全处理

✳ **清洗：**榴莲可不用清洗，直接撬开食用，但为保证洁净卫生，可以用清水简单冲洗。取一整个榴莲，从果柄处开始冲洗榴莲，沥干水分即可。

## ● 正确保存

✳ **冰箱冷藏法：**保存榴莲时，要去除外壳，将果肉放到保鲜盒内，放置于冰箱冷藏。最理想的冷藏温度为12℃左右，同时，最好能在3~5天内将其吃完。

✳ **冰箱冷冻法：**可以把去壳的榴莲放在冰箱的结冰处，要吃的时候拿出来解冻就行了，不解冻也可以当冰激凌吃。

## ● 美味菜谱

### 榴莲奥利奥冰激凌

制作时间：8小时　功效：美容养颜

**原料**　牛奶200毫升，淡奶油150克，蛋黄2个，玉米淀粉15克，奥利奥饼干碎、榴莲泥各适量

**调料**　白糖70克

**做法**　1.蛋黄中加35克白糖，用电动搅拌器拌匀，再放入玉米淀粉，充分搅匀。

2.牛奶和淡奶油混合后，入锅加热，加入剩余的糖，搅至糖溶，关火，倒入蛋黄混合液中，拌匀后用小火加热至浓稠。

3.凉透的冰激凌液中放入饼干碎、榴莲泥，拌匀后放入冰箱冷冻即可。

# 甘蔗

**盛产期**

| 1 |
| 2 |
| 3 |
| 4 |
| 5 |
| 6 |
| 7 |
| 8 |
| 9 |
| 10 |
| 11 |
| 12 |

（月份）

**热量** 64千卡/100克

## 放心买

**❶ 茎秆光滑有白霜**

优质的甘蔗茎秆粗硬光滑，端正挺直，富有光泽，挂有白霜。

**❷ 粗细均匀**

甘蔗要选择粗细均匀的，可以选择用拇指和食指刚好可以环绕住的。

**❸ 竹节少的**

甘蔗要选择竹节少的，竹节多的甘蔗口感不好。

## 不能买

**❶ 竹节多的**

竹节多的甘蔗口感不好，所以不宜购买。

**❷ 剖面有红褐色条纹**

甘蔗切开后剖面如果有泛红黄色、棕褐色、青黑色斑点斑块则表明甘蔗已变质，不可购买。

**❸ 外观无光泽**

如果甘蔗外观无光泽，质地松软，两端长毛，则不能购买。

## ● 安全处理

✳ **清洗：** 把甘蔗切成长短适中的甘蔗段，放到盆里，往盆里注入一定量的自来水，待甘蔗外部湿透后，边旋转甘蔗边用毛巾抹动，这样就可以轻易地把甘蔗外部黑色和白色的杂质去除。最后，用干净的清水从上往下把甘蔗冲洗一遍。

## ● 正确保存

✳ **通风保存法：** 尾部不要把叶子削干净，让其包住甘蔗身，竖起放置，根部放在水中(浸到2~3节位置)，存放于阴凉处。

✳ **冰箱冷藏法：** 可将甘蔗切成节，用保鲜膜包好，放入冰箱里冷藏。但时间也不能太久，最好还是当天吃完。

## ● 美味菜谱

### 茅根甘蔗茯苓瘦肉汤

制作时间：125分钟　功效：清热去火

扫一扫看视频

**原料** 瘦肉200克，甘蔗段120克，茯苓20克，茅根12克，胡萝卜80克，玉米100克，姜片少许

**调料** 盐2克

**做法** 1.去皮胡萝卜切滚刀块；玉米斩小件；瘦肉切大块，放入沸水锅中氽去血渍。
2.砂锅中注水烧热，放入瘦肉块、玉米、胡萝卜、姜片、茯苓、茅根、甘蔗段，烧开后转小火煮约120分钟，加入盐拌匀，煮至汤汁入味，盛出即可。

其他

# 波罗蜜

| 盛产期 | 热量 |
|---|---|
| 1 | 103千卡/100克 |
| 2 | |
| 3 | |
| 4 | |
| 5 | |
| 6 | |
| 7 | |
| 8 | |
| 9 | |
| 10 | |
| 11 | |
| 12 | |
| （月份） | |

## 放心买 ✓

**❶ 外皮完好无损**

质优的波罗蜜，外皮是完好无损的，其中带有比较多的尖尖的"小钉"。

**❷ 金黄色泽**

挑成熟的波罗蜜购买，一般是金黄色泽的。

**❸ 有较浓香味**

成熟了的波罗蜜，会有比较浓的香味，而且表皮会有一点点的裂开，裂开的地方，香味更加浓郁。

## 不能买 ✗

**❶ 表皮上有很多小黑点**

波罗蜜表皮上的小黑点非常多或者连接成一片黑，这个时候就要小心了，黑的地方有可能烂了。

**❷ 带有青绿色**

还没完全熟透的波罗蜜，会带有青绿色，味道不是太好。

## ● 安全处理

✳ **食盐清洗法：** 可以把整个波罗蜜放在盐水里泡一泡，杀死表面的虫子，再在自来水下面冲洗干净，剥开来吃里面的果仁就可以了。

## ● 正确保存

✳ **通风保存法：** 完整的波罗蜜可用箩筐装，内衬芭蕉叶或竹叶、碎纸等，存放阴凉通风处，可保存数月。

✳ **冰箱冷藏法：** 已切开的波罗蜜可用保鲜膜包好，放进冰箱冷藏室，但应及早食用。

## ● 美味菜谱

### 波罗蜜煲鲫鱼

制作时间：14分钟　功效：降低血压

| | |
|---|---|
| **原料** | 净鲫鱼400克，波罗蜜果肉100克，波罗蜜果核、猪瘦肉各85克，姜片、葱花各少许 |
| **调料** | 盐3克，鸡粉2克，料酒6毫升，食用油适量 |
| **做法** | 1.猪瘦肉切丁，波罗蜜果肉切小块。<br>2.用油起锅，放入姜片，倒入鲫鱼，煎至两面呈焦黄色，放入料酒、开水、猪瘦肉丁、波罗蜜果核、波罗蜜果肉。<br>3.加入盐、鸡粉，转小火煮约10分钟，关火后盛出鲫鱼汤，撒上葱花即成。 |

# 莲雾

**盛产期**

| | |
|---|---|
| 1 | |
| 2 | |
| 3 | |
| 4 | |
| 5 | |
| 6 | |
| 7 | |
| 8 | |
| 9 | |
| 10 | |
| 11 | |
| 12 | |

（月份）

**热 量** 33千卡/100克

## 放心买

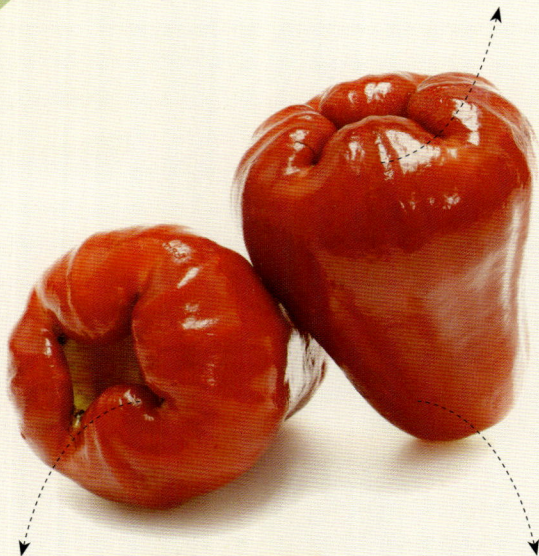

**❶ 底部张开大**

莲雾脐底呈黑红色的甜度高，底部张开越大表示越成熟。

**❷ 果色暗红**

粉红色种以果实大、饱满端正、果色暗红者为佳，红得发黑的"黑珍珠"最甜，暗青红色者次之。

**❸ 表皮洁净**

莲雾以表皮洁净、无斑点和粉状物者为宜。

## 不能买

**❶ 海绵质多**

将莲雾从中间横切，果肉越薄，海绵质越多，即表示品质越差。

**❷ "脐"太小**

莲雾的成熟度体现在它的"脐"上，如果太小，则口感较差。

## ● 安全处理

* **食盐清洗法：** 莲雾底部容易藏有脏东西，要用水冲洗干净，略泡些盐水后再吃更好，吃的时候可以将果实底部的果脐切掉。
* **果蔬清洗剂清洗法：** 用果蔬清洗剂加水浸泡莲雾，一般5分钟足够，然后用清水清洗干净为止。

## ● 正确保存

可以先用白纸将莲雾包起来，并装入保鲜袋里，再放进冰箱冷藏室内冷藏，可以减缓莲雾的水分流失。等到再食用时拿出来清洗即可，千万不要清洗后再拿去冷藏。

## ● 美味菜谱

### 莴笋莲雾柠檬汁

制作时间：1分钟　功效：养心润肺

**原料** 去皮莴笋70克，莲雾100克，柠檬汁40毫升

扫一扫看视频

**做法**
1.洗净去皮的莴笋切块；洗净的莲雾切块，待用。
2.榨汁机中倒入莴笋块和莲雾块，加入柠檬汁。
3.注入80毫升凉开水。
4.榨约20秒成蔬果汁，将蔬果汁倒入杯中即可。

**TIPS** | 此款蔬果汁的味道较清淡，可以加点蜂蜜调味。

# 番石榴

**盛产期** | **热量** 41千卡/100克

| 盛产期 |
|---|
| 1 |
| 2 |
| 3 |
| 4 |
| 5 |
| 6 |
| 7 |
| 8 |
| 9 |
| 10 |
| 11 |
| 12 |

（月份）

## 放心买

**❶ 形状规整**

选择长相比较规整的番石榴。

**❷ 颜色比较浅**

要挑那种颜色比较浅的番石榴，黄绿或白绿色为好。

**❸ 柔软有弹性**

用手微微按压，柔软有弹性的番石榴吃起来比较甜。

## 不能买

**❶ 形状不规则**

不要买东倒西歪的番石榴，这样的果实味道不好。

**❷ 颜色太绿或发白**

表皮颜色太绿或者发白的番石榴，不是过生就是过熟，味道较差。

## ● 安全处理

* **清洗**：番石榴营养丰富，入口前必须将表皮仔细清洗干净。可将番石榴放进盘里，注入清水，加入适量的果蔬清洁剂，用手轻轻地搓洗，再用清水冲洗干净，捞起沥干即可。

## ● 正确保存

* **通风保存法**：将番石榴放在阴凉通风的地方，不要受到阳光的直射，同时不要受潮。如果有保鲜膜的话，可以用保鲜膜将番石榴裹紧保存。室温下能够保存1周左右。

* **冰箱冷藏法**：如果喜欢吃硬一些比较脆的，趁未软时放在冰箱冷藏室，可以保存较长时间。如果喜欢吃软的，大约三四天表皮变黄软化，就不要继续保存了，在炎热夏天软化更快。放在低温下可以保存1个月。

## ● 美味菜谱

### 番石榴火龙果汁

制作时间：1分钟　功效：瘦身排毒

**原料**　番石榴100克，火龙果130克，柠檬汁30毫升

**做法**
1. 洗净的番石榴去头尾，切块；火龙果去皮，切块，待用。
2. 榨汁机中倒入火龙果块和番石榴块。
3. 加入柠檬汁，注入100毫升凉开水。
4. 盖上盖，榨约25秒成果汁，将榨好的果汁倒入杯中即可。

扫一扫看视频

**TIPS** ｜ 夏天的时候可以加点小冰块一起榨汁，凉开水50毫升即可。

# 椰子

**盛产期**

| 1 |
| 2 |
| 3 |
| 4 |
| 5 |
| 6 |
| 7 |
| 8 |
| 9 |
| 10 |
| 11 |
| 12 |

（月份）

**热量** 345千卡/100克

## 放心买

### ❶ 外壳青且薄

椰子都有一个比较坚硬的外壳，嫩的椰子壳青且薄，若是要饮用椰子水则选这类椰子。

### ❷ 肉眼偏白色

去掉青色外壳的椰子，顶部有几个肉眼，若是白色说明椰子较嫩；如果是黄色说明椰子较老。

### ❸ 听声音

用手摇一摇，如果水的声音比较响，一般汁液多，声音闷则表明肉多。

## 不能买

### ❶ 有异味

闻椰子有没有不正常的气味，如果有异味，请不要购买。

### ❷ 壳色比较灰暗

椰子的壳色比较灰暗，说明椰子较老，内里汁液少，若要饮用汁液则不建议购买。

### ❸ 壳色太青

没有成熟的椰子壳色太青，发育不成熟，内里汁液少、果肉少，不建议购买。

## ● 安全处理

* **椰子去皮壳：** 椰子那层厚厚的壳要用大刀（劈柴刀或大菜刀）将椰子连着柄的一端砍下来，直到见着椰子上面有三个疤痕，在疤痕表面上用刀钻出孔，然后拿吸管一插就可以喝到椰子水了。椰子在嫩的时候椰子水一般不是很甜，略带酸味。喝完椰子水，直接用大刀将椰子剖成两半，可见到半透明的果肉，鲜嫩的椰肉用金属汤匙直接舀出即可，椰肉入口即化，宛若果冻，甜度适中，极其爽口。

## ● 正确保存

* **通风保存法：** 去皮的椰子只要没开壳，能放很长时间。椰子在阴凉的地方一般都能存放3个月左右，但是存放越久口感越差。
* **冰箱冷藏法：** 如果是嫩椰子，放在冰箱里保鲜最好。

## ● 美味菜谱

### 椰子鲍鱼鸡汤

制作时间：75分钟　功效：开胃消食

**原料** 排骨段200克，小鲍鱼165克，椰子肉150克，薏米30克，姜片、葱段各少许

**调料** 盐、鸡粉各2克，料酒8毫升

**做法** 1.将小鲍鱼切取鲍鱼肉，去除内脏。
2.锅中注入清水烧开，倒入小鲍鱼，加入料酒拌匀，去除腥味，捞出；沸水锅中倒入排骨段，淋入料酒，余去血渍，捞出。
3.砂锅中注水烧热，放入薏米、排骨、姜片、葱段、小鲍鱼、料酒、椰子肉，拌匀，烧开后用小火煮约1小时。
4.加入盐、鸡粉，拌匀调味即可。

# 百香果

盛产期

热　量
97千卡/100克

| 1 | 2 | 3 | 4 | 5 | 6 | 7 | **8** | 9 | 10 | 11 | 12 |

（月份）

## 放心买

**❶ 挑选紫色或深红色**
选果时尽量挑选紫色或深红色的百香果。

**❷ 形状端正**
好的百香果应该是长得端正，比较圆。

**❸ 表面光滑**
百香果一定要选表面光滑的，太皱的不新鲜。

## 不能买

**❶ 形状畸形**
形状畸形的百香果可能是激素所致，不宜购买。

**❷ 表皮出现黑斑**
百香果的表皮如果出现黑斑，说明放置时间已经长了，不宜购买。

## ● 安全处理

* **食盐清洗法：**用稀释过的盐水浸泡百香果10分钟左右，然后过水即可。
* **淘米水清洗法：**百香果虽然要剥壳食用，但为了保证果肉的洁净，仍需彻底清洁，可用淘米水浸泡10分钟左右，最后用清水冲洗即可。
* **毛刷清洗法：**用硬毛刷在清水中不断刷洗，可有效去除病菌。

## ● 正确保存

* **通风保存法：**在常温下，可以用保鲜袋密封后放在阴凉处，一般可以保存6天。
* **冰箱冷藏法：**把百香果装在塑料保鲜袋中，放入冰箱，利用低温高湿（2～4℃，湿度90%～95%）保存。将袋中的空气尽量挤出，可以降低氧气比例，以减慢氧化速度，提高保鲜的效果。

## ● 美味菜谱

### 百香果蜜梨海鲜沙拉

制作时间：15分钟　功效：开胃消食

**原料** 百香果50克，雪梨、西红柿各100克，黄瓜80克，芦笋50克，虾仁15克

**调料** 蜂蜜少许，橄榄油适量

**做法**
1. 雪梨切块，黄瓜切片，西红柿切片，芦笋切条，虾仁去虾线，百香果取籽。
2. 取一个碗，倒入百香果、蜂蜜、橄榄油，拌匀，制成沙拉酱。
3. 沸水锅中倒入橄榄油、芦笋，焯水后捞出；沸水锅中倒入虾仁，余水后捞出。
4. 取一个盘，放入西红柿、芦笋、黄瓜、虾仁、雪梨，浇上沙拉酱即可。